魔魚狩り

ブラックバスはなぜ殺されるのか

水口憲哉

フライの雑誌社

装丁・本文デザイン　川嵜俊明

魔魚狩り　ブラックバスはなぜ殺されるのか　目次

魔魚狩り　ブラックバスはなぜ殺されるのか

第一章　やせがまんが日本の釣りを救う

第二章　魔魚狩り

第三章　お粗末な政治と科学と、外来種新法

第一章　やせがまんが日本の釣りを救う

ビッグマネー＝ビッグフィッシュ？

釣りの世界で、数と大きさと時間の三つをすべて満足させることは至難の業である

この夏はどういう訳か、九頭竜の大アユとか球磨川の巨アユといった、より大型のアユを求める人々の関心に新聞やテレビで接する機会が多かった。この、大きいことはよいことだという風潮になぜそれほどまでにという思いをもっていたところ、研究室でも先日やや似たような発言に接した。

外房の太東《たいとう》漁協にクロダイの測定に行った学生がサザエとマダイをもらって来た。その朝獲れたものを早速刺身や焼きものにして、有難く頂いたが、その折体長三十センチほどの食べ頃のマダイを前にして、「こんなのがフライフィッシングで釣れたら面白いだろうな、ストリーマーでならやれるな」という声があり、ちらっとスズキをルアーで釣る例を思い出しはしたが、何とも言えぬ違和感を感じたのは否めない。

フライフィッシングに入れ込み、机の上がほとんどフライ工場となり、そのそばには一週

間ほど前にとって来た北海道のオショロコマやヤマメの標本びんを並べている学生は、苦労して天然のサケ・マスを求めて生まれ育った北海道を歩きまわり、次々と作られる砂防ダムに怒っている。しかし、大きなサケ・マスを川でそれもフライで釣ることの困難な現状を考えるとそのような思いにかられるのも無理ないのかなとも思う。

筆者自身、カワムツ釣りをしていて大きいのを釣りたいという気持は潜在的にいつも持っている。側線鱗数を数えたり、眼径を測ったりするのに大きいほうが楽で誤差も少ないということや、ミトコンドリア、ＤＮＡを調べて遺伝的なことを知るのには大きければ大きいほどよいといった実利的な面はもちろんあるが、それと同時に、どうせなら大きいものを釣ってみたいという、おさえ難い欲望がある。それは、狩や漁というものが本来的にもっている衝動である。食べものとしてより大きいものをという欲求と、より手強い相手と勝負したいという要求のないまぜたものといったらよい。

しかし、遊びとしての釣りを考えてみるとき私達はそのような欲求や要求をどれだけしゃかりきになって追求しているのだろうか。食糧獲得の欲求はさておき、というのは、商品経済社会の現在、通算してスーパーで買ったほうが高くつくような仕合わせな釣りをしている人はめったにいない。いっぽう金では買えない一対一の勝負、シートン、ヘミングウェイ、山本周五郎、いろんな人が描いている強ものとのかけ引きと体力や根競べといったものを釣りの世界で求めると、コイ、レンギョ、ソウギョ、イシダイ、クエ、カジキといったところになるのだろうか。その反対の極がタナゴ釣りの世界ともいえる。

ここまで話がすすんでくると、これは海の中の栄養ピラミッドのどの位置にいる魚たちが食べるか食べられるか、といったことと似てくる。ピラミッドの底辺に近いところの植物プランクトンや動物プランクトンを餌とする魚は小さく数が多い。いっぽう頂上に近いところにいる他の魚を餌とする大きい魚は数が少ない。大きい魚は単に数が少ないだけではなく総重量としてもはるかに少ない。

その結果としての需要供給関係や、どういう訳か頂上に近く位置する魚ほど概して私たちが美味しいと感ずることも関係して、一般に大きい魚ほど値が高い。例えば、マイワシがキロ二十円に対し、マグロ（クロマグロ、ホンマグロ）はキロ一万円という具合に。

小説、映画そしてテレビどれかで接したことがあるかもしれない『魚影の群れ』で、大間《おおま》の漁師が津軽海峡でどうにか仕留めるのはそんなマグロで、二ヶ月間トローリングし続けてようやく二百キロのものに出合えた。それでも出合えただけよいほうで、一月も二月も油と活き餌を使って走り続けても獲物なしという船も多い。まさにビッグゲームである。金と時間も莫大にかかる。このようなゲームというかハンティングの極は人喰いトラやヒョウを撃つことだろう。

ここまでくればいやでもわかるように、ビッグマネーあるところビッグゲームありということになり、大物ねらいがしらけた話になってしまう。そこのところがわかっているから釣りをする人の多くはがっついて大物をねらうことはせず、自分の選んだ釣りの世界でつつましくより大きなものをと望んでいる。

しかし、これまで見てきたように釣りの世界で、数と大きさと時間の三つをすべて満足させることは至難の業といえる。マグロ釣りは大きなものを一尾釣るのにとてつもない時間をかけるのに対し、タナゴ釣りは小さいものを多数、比較的短時間で釣る。もちろん季節的な時期と釣り場は共に限られているが。そして、そこでその釣りが好きでその魚を釣っている人が共にめざしているというか求めているのは、釣る人と魚と水の関係である、という点においては同じなのではないだろうか。

マグロとタナゴ、海と小川というように魚と水は大きく異なるようでも、それらの関係性とそこに釣り人が見ているものはたいしてちがわないのではないか。フライフィッシングの場合には、さらにそこに餌となる水生昆虫にこだわるというかそれとの関係をも組み込んで考えようとするのでその関係性はより複雑となり、ややこしさと面白さは増す。

結局、釣り独自の面白さを追求してゆくとそこに見えてくるのは、魚の量（大きさと数）でも質でもなく、それらをすべてひっくるめた関係性といったものではないだろうか。

例えば伝統漁法と呼ばれるものがある。いつも決まった時期、決まった海域にやって来るマダイそしてサワラなどを決まった方法で獲る。そのような獲り方で何十年、何百年と変わらず獲り続けている。そこではより大きいものをねらうというようなことはしない。それとは逆に獲れたものの大きさからその年来遊した魚群の状態に思いをめぐらし、先行きの漁についていろいろ考える。

そのような毎年の漁の経験の蓄積を生かせば大ものを中心にした漁をすることも可能である。しかし、そういった漁を無理に続ければどのような結果になるかをも知っている。

〈毛鉤発言〉に思う

ルアー、フライ、イクラ、ミミズ…
魚との関係においては区別しても意味がない

前から気になっていて、そのままにしておいたことに、いわゆる毛鉤発言がある。自民党の渡辺美智雄元政調会長がくり返し発言していることであるが、今回の総選挙を前にしてこの一月十二日にも遊説先の富山県氷見市の農協会館で次のようなことを講演している。

「学校を建てろ、教科書をただにしろ、道路は造れ、税金はまけろと野党はいうが、そんなうまい具合にはいかない。それは毛鉤だ。そんなものにだまされて投票する人は知能指数が高くない。」これを報じた毎日新聞は、「相変わらずの〈毛鉤論〉で野党に投票する有権者を批判した」とコメントしている。

この発言から理解されること、考えられることをいくつか整理してみる。

一、実現性のないこと、実のないことで釣って投票させるのは、毛鉤で魚を釣ることと同じだ。そのようにして釣られる魚も有権者も知能指数が高くない。

ここで人を釣ってと書いたが、これは世間一般でよく使う言い方で、岩波の国語辞典にも「釣り込む：興味を起こさせ、またはだましてひきいれる。」「釣る：（前略）転じて、心を引く物を見せたり与えたりして、（だまして）自分の欲する行動を起こすように仕向ける。」とある。

これからもわかるように、釣るというときすでにだまして人に行動を起こさせるという意味があるので、わざわざ毛鉤といわなくても、魚を釣るようなものだと言えばよい。ただそれだとわかりにくいし、アピールする力が弱い。そこで、毛鉤という語に、にせもの、具体性のないもの、だますものという意味をこめて、そう受け取られるように使っている。これも関心をもつ一つの理由だ。

なお、何らかの意味で人を測る尺度として知能指数なる語が使われているが、そのような考え方や思想が誤ったものであり、悪しきものであること、そしてそうであるがゆえに、そのような考え方が現在まともな場ではなされていないことを言っておきたい。この点については、ステファン・グールドの『人間の測りまちがい』に詳しく、教えられることが多い。進化や生物の生き方についての味わい深くとてつもなく面白い読みものである、『パンダの親指』『ニワトリの歯』『フラミンゴの微笑』などですでにご存知の方もあるかもしれないグールドの、あまり知られていない著作である。

二、毛鉤であれ餌であれ釣られるのはうかつな魚ということであり、毛鉤か餌かの違いはたいした問題ではなく、釣られる魚、投票することによって政治家に何かを期待する有権者はアホだ、とも受け取れる。

釣られた魚にとっても毛鉤と餌のちがいは、毛鉤に刺激されてとびつくときに感じるかもしれない違和感というかちょっと違うなという感じや、食いついたときに感じる口へのさわり具合や味の違いといったもので表現できるかもしれない。この瞬時のウサンくささの程度の差はたいしたものではない。というのは、餌とはいえこの餌は釣餌であるから鉤がついていることには変りがないのだから。

釣りというのは、何もしていない魚が自然状態にある餌を獲り食べるという行動を起こす間に割込んで、ウサンくささをかくし、気がつかれないようにしてその行動を完結させようというものである。釣られた魚にとっては、気がついてみたら逃げられないということである。

この割込む餌のウサンくささをよく示す言葉として擬餌という言い方がある。そして擬餌鉤としてくくられるものにフライとルアーがあるが、最近その区別がだんだん難しくなってきており、ロッドやリールそして釣り方ともからめてはじめて、どちらだと言えるようなものもある。ルアーとフライの違いはウサンくささへの迫り方のちがいのようなもので、擬餌という側からは区別がつきにくいのは当然ともいえる。

そして、フライと蚊鉤（毛鉤はこれと一応同じものとして、ここでは話をすすめる）の違いといっても、西洋と東洋の違いというより、今ではフライとルアーの違いに似てきている。すなわち対象魚種や釣りの道具やしかけ、釣り人の思いや好みといったことと深くかかわっている。それゆえ、ここでは毛鉤というとき擬餌または擬餌鉤と言い換えてもたいして変りはしない。

そして、毛鉤または擬餌鉤の相手というか反対のものが、空鉤というよりはむしろ餌付きの鉤または餌ということになる。活き餌や練り餌、さらには魚が食べられるその他のものをふくめた本当の餌のことを何と呼べばよいか、ここまできて考え込んでしまった。やはりただ"餌"としか言いようがないらしい。

結局擬餌と本物の餌とを大きく区別して考える必要もなく、私達は普通ルアー、フライ、イクラ、ミミズなどと並べて呼んだり考えたりしており、魚との関係においては大きく区別しても意味がないということなのかもしれない。ともあれ毛鉤か餌かの違いは大した問題ではない。

三、選挙で毛鉤にだまされるなということは候補者の公約なるものにはだまされるなということである。公約というのは所詮実のないものだと代議士自身公言していることになる。

税金をまけて道路をつくるというのは出来ない相談だから、そのような野党の公約は毛鉤だと渡辺氏は言いたいのだろうが、大型間接税という言い方ではあったが、消費税は導入しませんと言って大勝するとすぐに導入した政府与党の公約のようなものは何とも形容しがたい。何も心配がないと思っていたら、いきなり投網をかぶせられたようなものである。そう言えば、消費税は投網でしぼるようにとると言っていた与党の人がいた。毛鉤はだましだまされるという釣りの本質を象徴するものだし、魚のほうにも見きわめる自由がある。

そんなことを考えていたら、雑誌『アエラ』の二月十三日号の新聞広告に「自民―防衛費1％で公明釣り」という政界再編に関する記事の大見出しがでていた。今書いているようなことの参考になるかと読んでみたが、「防衛費1％」が毛鉤か餌かとか、公明がどう釣られるかとかは全く書かれていなかった。〈釣り〉という字にとびついた筆者がアホなので、アエラの毛鉤づくり、すなわちコピーづくりがうまかったのである。

しかし、アホな魚ばかりではない。毛鉤を見きわめることもできる。投票する有権者もまたしかり。一九八九年七月の参議院選はそのことをはっきり示した（編注：野党第一党が自民党議席を上回り首相退陣）。その結果、釣り人と魚と毛鉤の関係が変ってきた。まず今回の衆議院選では、消費税見なおしというように、与党が魚の好みに合うような毛鉤に替えるように公約を変更した。

青森県ではもっと劇的なことが起こっている。まず、昨年七月の参議院選で、六ヶ所村に計画されている再処理工場をはじめとする核燃料施設による放射能汚染や大事故を心配する農民を中心とする県民が、核燃推進の自民党の候補二人分の票数より多い票を、核燃反対の三上さんに投じた。その結果、今回の衆議院選では自民党候補者の二人がはっきりと核燃反対を言い出した。しかもその一人は、核燃料施設の建設計画を先頭に立って進めた元科学技術庁長官である。推進の立場をとり続ける他の自民党候補者との間でいろいろややこしいことが起こっている。この毛鉤の出来具合は本稿を読まれている頃にはすでに試され、結果が判明している。この自民党候補の反対表明こそ毛鉤の真骨頂といえる。

毛鉤はこのように釣り人が魚を釣るためにいかにうまく化けるかというものでバケと呼ばれる同類もある。以上の例は釣り人がいろいろ工夫をして魚に合わせた毛鉤をつくるのに似ているが、最近は、魚のほうが釣り人にどのような毛鉤がつくれるか要求し、出された結果を判断して、すなわち毛鉤か本餌かを見わけてとびついたり、場合によってはどれも無視するという行動をとるようになりだした。

二月九日、岐阜市文化センターで開かれた「ストップ・ザ・河口堰の集い」の席上発表されたアンケート調査は、そのような変化の一つの表れだろう。長良川河口堰の建設に反対する人々が岐阜県内から衆院選に立候補している十六人中十五人にアンケートをとった結果、河口堰が必要かどうかという質問に「必要ない」が四人、「再検討すべき」二人、「どちらとも言えない」三人、「必要」二人で、回答なしが四人だった。本当にこうなら工事を中止して考えるしかないことを示している。いっぽう、新聞社が東海三県の立候補者に回答を求めたところ、与党は建設再検討三、反対一、回答なし十九であった。それに対して野党は再検討三、反対二十一、回答なし六であった。

これを知ったら渡辺氏は、野党の反対は具体的ビジョンもない反対のための反対だ、毛鉤だと言うであろう。ならば与党の回答なし十九をどう考えるのか。ホンネは推進だが、そのような本餌を出したらそっぽを向かれてしまうことを昨年の参議院選の結果が示している、かといって反対という毛鉤を使う勇気もない。そこでこの問題に関しては釣りを止めた、無視というのが実情であろう。首都圏の脱原発運動の人々が行ったアンケート調査でもほとんど同じようなことが起こっている。これは共に、世論の動向を肌身で感じ出し、推進を表明できなくなったということを示している。

毛鉤でも餌でも釣られることには変りはない。本餌で釣られたほうが少し幸せと感じ、小さな幸せを求める魚もいるかもしれないが、釣られることを拒否する魚もいる。そのような魚を釣ることこそ釣りの真髄ともいえる。なお、こういったからといって別に棄権をすすめているわけではない。

人々は、サツキマスやアユの上り下りする長良川の存在そのものにほこりと生きがいを見出しはじめている

サツキマスは特別珍しいものでもなく、さがせばこれだけ多くの川にいますよ、また、増やそうと思えば人工ふ化でほれこの通り増えますよという、サツキマスの安売り宣伝のような文章がこのところ、ダム建設や水資源開発公団関係の雑誌に目立つようになった。ある程度予想された動きともいえる。石垣島白保の空港建設にともなう大規模埋立で抹殺されようとしたアオサンゴや、宍道湖・中海の淡水化干拓で消滅されようとしたヤマトシジミに対して、海や湖を開発し潰そうと計画した人々がつかったやり口だからである。

長良川河口堰建設反対運動のシンボルともいえるサツキマスが、反対の世論の盛り上りと並行するように、季節が季節ということもあってこのところマスコミにその気持ちのよい姿を見せることが多い。五月三十一日夜の、ＮＨＫ岐阜製作の番組は釣りの話としてもよく出来ていて面白かった。

このように多くの人々がサツキマスを通して長良川河口堰建設の無謀さとばからしさを知ってしまうとまずいので、建設者である水資源開発公団がサツキマスはそんなに貴重なものではないし、いくらでも養殖しようと思えばできるので心配しなくてもよいですよ、そんなに騒ぎなさんなと反撃に出たというか攻勢に転じ出したということである。

このことについて、従来より本欄でも主張してきた筆者の考え方にもとづいて二つの点から批判してみたい。

第一点。この河口堰建設は多くの困難と問題をかかえているが、その一つの影響としてサツキマスの減少、消滅が予測される。そこでこのことを通して流域から遠く離れた地域の人々、特に大都市の若い人々の関心を換起するということに、建設反対を主張する人々も重きを置きがちである。都市の人々との接点をどうもつかというときにこれはある程度止むを得ないことなのだが、建設省側にとっては、サツキマスは若い人気タレントの存在のようなものでその人気は脅威ではあるが組しやすいという側面ももっている。

というのは、この河口堰の一番の問題というのは、じつは、建設すれば堰周辺の地域で洪水が起りやすくなり人命にもかかわる事態が生ずるということだ。それへの対応に較べればサツキマスの問題は扱い易い。それに、皆の関心がサツキマスに向けられていればこの最も重要な問題の存在に気づく人も少ない。

さらにサツキマスの問題は具体的な数量と金額で計ることができるので、最終的には金でカタがつけられる。それも小さな金額で。多分、水資源開発公団内部ではキロ二五〇〇円、年間漁獲量二十トンとして五千万円といった試算はとっくに行われているものと思う。

これは、電力会社が原子力発電所の問題で漁民と対応するとき、情況によっては温廃水の漁業被害について積極的に補償交渉に入るのと、ちょっと似ている。それは放射能汚染や大事故という致命的な、金で計算できない影響から人々の目をそらし、ふれないようにするという点において特に似ている。

このことに河口堰建設反対を主張する都市の人々も気づくと同時に、河口堰の近くで暮らす長島町や海津町の人々の心配の声を汲み取る形で反対運動も進み、国会議員の関心をもつ人々もこの心配の声に共感をもつようになっている。それゆえに水資源開発公団はサツキマスに人々の関心を集めるべく、反撃に出て来たともいえる。

しかし、サツキマスはどこにでもいる、簡単に増やせる、金で買うことのできる魚と捉えそのイメージを拡大させている公団は、長良川の沿岸に生活したり、遠くの地でも長良川に関心をもつ人々がサツキマスに求めているものが何かわからないままに、次の第二点で検討する人工ふ化放流のもつ矛盾、どうしようもなさにからめ取られて、そのサツキマス作戦は敗北に帰し、建設工事も結局中断に追い込まれることになろう。

以上のように、水産資源としてのサツキマス、言い換えるならばメシの種、金として計ることのできるサツキマスの存在は、洪水に脅かされる人の命よりは軽い、ということを常に頭の隅においてこの問題は考えていったほうがよい。

サツキマスの人工ふ化放流の問題を考える前に、長良川河口堰をめぐる問題の背景がこの三十年間大きく変化したことを整理しておきたい。

①河床が流れによって、年々削られ低下してゆき、川が通し得る水の量を増やしており、昔心配されていたような洪水は起こりにくくなっている。それなのに流れをわざわざせき止めるような河口堰をつくれば、洪水が起りやすくなる。

②河口堰の必要理由の一つ、水をせき止めて両側の三県の水需要に応えるというのも、産業構造の変化や、高い水道水の浪費に人々が気づきはじめたことも関係して水需要予測を年々下方修正しなければならない現状を考えると、説得力をもたない。

③それでもがんばって洪水防止のために河底を掘削するという。それも、あきらめていたようなのにここ四、五年急に意欲的になった。知多半島西岸常滑沖に計画されている国際空港用のぼう大な埋立用土の一部を長良川の河底の土でまかなうことが出来ればと考えるのは、建設省や、土木業関係者にとっては当り前のことである。

④全くその存在が無視されて河口堰の建設計画が進められている長良川の生物の状況はどう

か。一九六〇年代前半のＫＳＴ（木曽三川資源調査団）調査時には、乱獲と伊勢湾の汚染等で減少しており軽視されていたサツキマス（当時アマゴの降海型はカワマスと呼ばれていた）が、その後、ふ化放流事業を行うことによりその漁獲量が六トン位から十七トン位にまで増加している。

⑤高度経済成長の影響下、河川も内湾も一九七〇年前後は有害物質による汚染が激しく多くの生きものが姿を消した。しかし、ここ数年どうにか汚染がおさえられ、三十年前のような生物が増えはじめ、環境と生物の望ましい関係が少しずつ回復し維持されはじめていると東京湾等の調査でも感じ出している。長良川でも後藤宮子さん、正さん御夫妻の二十三年にわたる調査の中でアユカケというアユを捕食するというカジカのなかまが姿を見せはじめるなどうれしい報告もある。なお、このアユカケはサツキマスと同じように川と海を往き来してその一生を過している。

⑥ここ数年、各地の人々は、環境とそこに生活する生きもののゆくすえに、これまで以上の強い関心をもつようになってきている。そして、地球環境の危機のきざしの一つとして、長良川やサツキマスのことを考える若い人たちもふえている。それも難しいこととしてではなく、日頃楽しむ、カヌー、釣り、音楽、アウトドアライフなどにそのままつながるものとして。そういう中から、本当の自然とは何か、自分達の求めている川とは魚はどのよ

うなものかと考える人もでてきている。

第二点。水資源開発公団のサツキマス人工ふ化放流の問題について検討する。

❶アマゴの分布域では昔も今もサツキマスが生息するというが、戦前最大の漁獲量をほこった天竜川はダムだらけで今は殆どゼロに近い。天竜川漁業が岐阜の市場をめざしてサツキマスのふ化放流にやっきになっているが、思うようにはゆかないという実状。

❷長良川では放流量を増やし、サツキマスの漁獲量を増加させているというが、同じことをやっている揖斐川と木曽川ではなぜ漁獲量が増加しないのか。この二つの川の漁獲量が長良川と同じように増加しているのなら、河口堰ができても放流でどうにかつじつまを合わせられますという証明になるのだが、これでは河口堰ができたら放流してもどうしようもないという証明になってしまっている。

❸魚道があるから大丈夫、木曽川や揖斐川ではサツキマスが堰を遡上していることから見ても長良川でも心配ないといっているが、前提と矛盾している。

放流事業というのは魚が自然の生活、例えば川と海との往き来が困難になったとき止むを得ず行なうものである。それを止むを得ず認めるだけでなく推進するところに今のアユの状況がある。人工ふ化のものと琵琶湖ものに頼る状況をすべてよしとする、川の釣り堀化を是とする、資源として金としてアユを見る水産の立場が、日本の川を現在のようにしてしまった一つの原因ともいえる。

長良川でアユを釣り、サツキマスを釣る人々はそのような川にしたくないと思ってがんばっている。

二十数年前、一万人もの長良川で漁をする人々が河口堰の建設に反対した。しかし、下流の人々の生命を脅かすと言われ（今になってみるとだまされた訳だが）止むを得ず川の魚を金で買えるものと見る立場に立った。しかし、今はちがう。人々は、サツキマスやアユの上り下りする長良川の存在そのものに、ほこりと生きがいを見出しはじめている。下流の人々と同じように自分達の生きることの意味を問う中で、七十四才の郡上の漁協組合員、恩田俊雄さんは「余命をかけても長良川とサツキマスを守ってみせる」と発言している。

Photo by Asahi Tetsu

鳴りもの入りで進められているサクラマス増産事業は、釣り人を喜ばすものではない

この春は桜の開花が早まりそうだが、この花の季節になるとおいしい魚としてマダイとサクラマスがある。

日本列島に産卵にもどって来るサケ・マスには、秋から冬にかけて遡上するサケ（シロザケ）やカラフトマスと、春から初夏にかけて川を上るサクラマスの二つのグループがある。シロザケは川に上るとそう上流まで行かずにそのまま産卵活動に入ってゆく。ところが、サクラマスは桜の咲く頃から産卵のために生れた河川を遡上し、四～五ヶ月間川の中で生活してから九～十月に上流域で産卵活動に入る。

今から二十年以上昔のことだが筆者はこの川を上りはじめたサクラマスに出合ったことがある。山形県の赤川にオイカワ（関東でのヤマベ）を採集に訪れた六月、地元の漁業組合の方々が、ダムの魚道をせき止めて下さった。そこに一匹の見事なサクラマスがいた。それを

賞味することはしなかったが、この川に遡ったサクラマスを食べたことのある人に言わせれば最高に美味とのこと。日本海沿岸の北の地域で暮す人々にとって桜の時期のサクラマスは何とも言えずうれしい季節の味だが、筆者も能登の知人が送ってくれるのを毎年楽しみにしている。

日本列島で生産されるサケ属の中でサクラマスが一番おいしい魚とも言われる理由は、この魚が河川の中での四〜五ヶ月間、ほとんど餌をとらずに、海洋で蓄えたエネルギー（旨味として体組織に蓄積されている）を消費して成熟を待ち、産卵にまで至るということと関連している。すなわち、卵巣や精巣そして激しい産卵活動に使うための脂肪などが肉の部分に充満している桜の頃に美味しいのは、当然である。昨年秋のイワナの国際シンポジウムへ参加した米国の研究者に、日本特産ともいえるこの魚を賞味する機会をつくるという企画があったがどうなったのだろうか。

それはさておき、そのように魅力的な食味をもつこの魚の漁獲量は、約二千トンと少ない。結果として価格も高い。そこで、当然のこととして養殖が行われる。実際、バイオテクノロジーで三倍体のサクラマスを作成し、成長を促進し二キロから四キロ台の大型サクラマスを養殖する企業も能登に出現している。

しかし現在、水産庁や道、県が考え実施していることの本流は、サケのようにふ化放流をさかんにして漁獲量を増大させようという方向である。その中には後に述べるバイテクがらみの心配の種もあるが、それと同時に川でのヤマメ釣りとも関係してくる問題の芽も育ちつつあることに注目したい。

ここで、サクラマスとヤマメとの関係を整理してみる。サクラマスははサケのように生れると間もなく雪代水と共に海に下るということをせず、一年間（時には二年間）河川の中で生活する。そして成長してスモルト（銀毛《ぎんけ》した幼魚のこと。体表が銀白色となる）となったものだけが降海し、一年間、海の生活を過し成魚となる。そして産卵のために河川にもどり、産卵後全て死亡するというのが、サクラマスの降海型の生活史である。

ところが、サクラマスには、降海せずに河川で幼魚時代の生活をそのまま続けて生涯を終える、残留型と呼ばれる生活の仕方をするものもある。この前年に産みだされ体長１０センチ位で性的成熟を行う残留型はほとんどが雄で、その発生機構や発生すること自体が大量放流というときにはいろいろ問題となる。

いっぽう河川の中だけで再生産をくり返している陸封型といわれるタイプも存在する。陸封型の起源は何万年も昔の氷河の前進後退と関係しており西南日本の高地の水温の低い渓流に多い（それに対して降海型は北海道や東北に多い）。

そしてサクラマスの中で、残留型と陸封型をヤマメと呼んでいる。なお、東北、北海道ではこれをヤマベと呼んでいる。関東地方ではオイカワのことをヤマベと呼んでいるのでややこしい。

サクラマスは、北に行けば降海型が多くなり、南に行けば陸封型が多くなるという傾向はあるが、この型の違いはサクラマスとシロザケの違いのような、種が異なるというものではない。そのためある個体が条件によっては降海型から陸封型までどのタイプにもなり得るという基本的性質をもっている。さらには、湖沼陸封といわれているような、海の代りに湖に下る降湖型といったほうが適切な「降海型」も出現する。

そのような例が北海道などでは昔から知られているが、東京都の奥多摩湖でも三十年ほど前から全長四〇〜六五センチの大型個体が十数尾採捕されている。基本的には銀山湖などの大イワナと同じことだが、楽しく不思議なことではないだろうか。筆者の研究室にも一度、背と鼻が曲がりかけ紅色になった見事な標本があったが、何とも言えず胸おどる存在であった。それと同時に都民の水源地でこんな魚が生きていると考えると奇妙な気分もした。

それはさておき、海で大きくなり、春に川を上るサクラマスの存在に注目し、それを釣っている人が福井県から新潟県の川筋にはいると聞く。この釣りは現在のところ法律的には違反ではないはずだ。というのはヤマメの許可範囲（時期と流域）であれば、サクラマスの三つの型（降海型、残留型、陸封型）の区別が明確でない現在では、問題とならない。実際奥多摩湖で五〇センチのサクラマスを釣った人は大当りというだけである。

それでは、降海型のサクラマスを、内水面の漁業協同組合が、ふ化放流事業を実施して漁業権魚種とすれば、ヤマメとは別に入漁料を支払って自由に釣れるということになるのか。それはそう簡単ではない。

というのは、北海道や東北地方の各河川で人工ふ化のサクラマス幼魚の大量放流がここ四、五年さかんになってきているが、その漁獲形態はシロザケと同じで、河川に遡上したものを採卵用に全数捕獲したり定置で漁獲したりということで計画されているからだ。サクラマスを川に自由に遡らせ数カ月遊んでいるのを釣るというのは無理のようである。その理由はいくつか考えられる。

①どこの川にもダムが出来、自然遡上できず再生産が行われないために人工ふ化放流をやろうというのだから、自由に遡れる川は殆どない。

②もし自由に遡らせたら密漁防止に大変な手間がかかる。

③バイテクで偽雄をつくり全雌化された放流魚は、いろいろ心配もあるので全数回収して自然での再生産には関与させないという前提で家魚化とかマリーンランチング計画という水産庁の事業は進められている。

④大量放流の目的が、シロザケに代って、春に漁があり、価格も高い漁業対象種を新たにつ

くり出そうというものだから、そもそも遊漁の入り込む余地はない。

というわけで今鳴りもの入りで進められているサクラマス増産事業は、釣り人を喜ばすものではない。というよりむしろ事業の拡大過程でヤマメ（ヤマベ）釣りに対する種々の規制がかかってくる可能性がある。サクラマスが銀毛化して海に下るのは生後一年位経過して十センチほどになってからである。それまでの間どこで飼育するかということである。どうしても天然河川に頼らなければならなくなるだろう。

現在北海道の定置網で問題になっているような、放流したサクラマスの混獲問題が川でも起ってくる。スモルトとなって海に下る時期や大きさは地方によっていろいろ変化する。また、「三つの型」の間の移行や割合もまだきちんとは把握されていない。結局は放流魚重視、資源保護優先、力のある産業偏重といった理由で河川でのヤマメ（ヤマベ）釣りの自由度が減少することが予想される。

百年以上前の北海道のアイヌの人々とサケの関係を思い起せばよい。それまで大切に長もちさせながら自由にサケを獲りサケとつき合っていたにもかかわらず、シャモ（本州からの人々）による開発でサケが減り人工ふ化放流が必要となり、それを理由にアイヌの人々はサケ捕獲の自由を政府によって奪われてしまった。サクラマス増産の流れの中にアイヌの人々とヤマメ釣りの人々を重ね合わせて見てしまうのは考え過ぎだろうか。

いっぽう、ここ一、二年、河川や沿岸域におけるサケ釣りが遊漁者にも許可される例が増加して来ている。沖獲りゼロにまでなろうとするサケの配分関係の中で、回帰量が急増した日本のシロザケは、まさにアメリカ、カナダでの呼び名ドッグサーモン（犬の餌にするサケの意とか）的扱いを受け出したことの一つの結果ともいえる。安いシロザケを遊漁の人に釣らせます、だからサクラマスは我慢してくださいということなのだろうか。

いろいろなものが豊かになった、大衆化したと言われているが、最近の食べ物や住宅、そして旅や遊び、どの面を見ても二極化というか較差の拡大が進んでいるように思う。釣りの世界に限らず、自分だけが楽しめばよいと思っているとまとめてつまらない世界に連れてゆかれてしまい、そのつまらなさもわからないという悲しいことになってしまう。

サクラマスの三つの型

◎降海型—川で生れ1~2年後降海し1年後川に戻り産卵する。
◎残留型—降海型の親から生れるが、降海せず、川で生涯を終える。ほとんどがオス。
◎陸封型—川の中だけで再生産をくり返している。

＊残留型と陸封型をヤマメと呼ぶ。
サクラマスは条件により、どの型にもなりうるという基本的性質を持つ。

宍道湖、石垣島と、無智で無謀な開発計画が世論によって中断されたことに元気づけられたが…

最近は旅に出る度に釣りをしている。何も格別の釣りではない。十五本継の竿をリュックに入れておき、時間をつくっては行った先々で川に糸をたれる。餌は庭で掘ったミミズを用意することもあるが、多くはその場でどうにか間に合わせる。宇和島では、小さなコンビニエンスストアで買い求めた昼食用の弁当のカマボコでよく釣れた。

この一年間で、三重、愛知、中国、長崎、大分、和歌山、島根、佐賀、愛媛と釣り、もっとも中国は大都市ばかりで全く釣れなかったが、来週は静岡そしてこの夏には朝鮮半島南部でもと考えている。以上のような自然分布を示す魚は結構多いが、ねらい目はその中でも最も普通の、雑魚《ざこ》中の雑魚、カワムツである。オイカワ（ヤマベ、シラハエ）と同属であるが、釣りの対象ともならず、食用となることも少ない。しかしどこにでもいて簡単に釣れる地味な魚カワムツ。今この魚が面白い。

オイカワとカワムツを通して見たここ五千年、さらには二百数十万年の間の日本列島における淡水魚の生い立ちとヒトの暮しとのかかわりについては別の機会にゆっくり報告するとして、ここでは、その調査中に見えてきた川や湖の様子、それも釣り人はあまり行かない、もっぱら子供の遊び場である雑魚釣りの漁場の近況を考えてみたい。

ここ二年ほどの間に、日本の淡水魚の発祥の地でもあり、今なお魚相豊かで人々の関心を呼ぶ琵琶湖沿岸に三回ほど通ったが、じっくり通った二十年前とは大きく変っていた。何よりも驚いたことは、あれほど豊富だったオイカワやカワムツが湖岸、特に南湖では全く姿を消してしまっていたことである。オイカワのいない淡水域というのも考えてみれば大変なことである。

湖岸は遊歩道や自転車道路で整備され、その両側の池や流れには、ブラックバスやブルーギルがいやになるほどいた。琵琶湖におけるこれらの魚の隆盛もそう長くは続かないだろうが、それにしてももううんざりした。

ただこのような現象は、我が水産大学でも渓流釣りに狂う人間が稀で、淡水の釣りを好む人間が集まるアウトドアクラブの会員のほとんどがルアーでブラックバスを釣るという風潮に対応しており、深刻に考え込まなければならないことでもある。まさに、十八年ほど前に雑誌の『フィッシング』や拙著『釣と魚の科学』で心配した淡水魚相のコカコラニゼーションが現実化してしまったのである。人も魚も共に。

いっぽう、川の水は汚れていないのに魚影の見られない川もふえている。佐賀県と福岡県の玄界灘に注ぐ川には炭坑や渇水も関係してか、そのような川が多く、苦労させられたが、厳木川《きゅうらぎ》から松浦川へと連なる川筋の魚影の無さには、ダムの下にすくむようにして存在する人間の町の姿と共に強い印象を受けた。流れる水の清澄さに、魚を寄せつけない冷たさとダムの底水の怖さを感じた。

奥多摩湖ダムからの放水について、もう少し魚のことを考慮して手心を加えてほしいという多摩川沿川の釣り人や漁民の声が、東京都を少し動かしたというニュースも、よく理解できる体験をしたともいえる。

ここ一年の間に、四万十川でも木曽川でも、沿川住民が電力会社から川水を取りもどす運動が起っている。これは河川の水を水利権がらみで発電用に好きなように用いていた電力会社に対して、権利の書き換えすなわち更新の時期に沿川の自治体や住民が待ったをかけ、再契約に難色を示し出したからである。今回は具体的に大きな成果を得るところまではゆかなかったが、次の更新時というかそれまでの間にもこの動きには期待がもてる。

電力会社と水と漁業との間には、川の上流でのダム、湾奥での火力発電所、外海での原子力発電所というように、長年にわたる腐れ縁ともいえる関係がある。そのことと直接関係することではないが、唐津の川で子供達と雑魚釣りをしていたときの子供の一言は重いものがあった。

昨年に続き、『海から原発を見てまわる日本一周』のピースボートの旅に唐津から合流乗船した。旅の半分を自由に行動して釣りをしていたのだがそのときの体験。

カワムツをさがしだしたが全然みつからず、生かしたオイカワを一尾大事に家に持ち帰る子供に教えてもらった釣り場では、どういうわけかタモロコが釣れた。九州北部ではほとんど姿を消したとされているタモロコを面白がってタモロコシと呼びながら筆者よりもよく釣る子供達と仲良くなり始めた頃、遠くでサイレンが鳴り出した。消火ポンプを積んだ小型トラックやオートバイに乗った火事装束の人々が、あわただしく次々と走ってゆく。しかしまだ煙は見えない。そのとき、釣りのうまい一人の子が浮きを見ながら何げなく、「原発で事故でもあったのかな」とつぶやいた。

いろいろ事故もあり問題の多い玄海原発から、十キロちょっとのところでの発言である。原発のある町に暮すことの恐ろしさをこれほど具体的に感じたことはなかった。この時は幸い本当の火事で、煙を見つけて間もなく子供達はみなそちらに走って行ってしまったが、もし原発の事故であったら、釣りをしながら見えない放射能に私たちは侵されていってしまった訳である。特に子供が厳しく。

船は、宇和島に着き、ここ八年間に四回その周辺海域で魚の大量死の発生している伊方原発の近くで暮している方々との交流会をもつなどして、大阪に向かった。筆者はそこで離脱して伊予灘のマダコの調査をしながら川釣りも続けた。

肱川、上灘川、重信川と愛媛県ではカワムツがまあどうにか釣れたが、重信川と上灘川の状況にはあらためて川の変えられ方の激しさを知らされた。

重信川では、数百メートルおきの小さなダムというかせきの連続でそのどれもが埋っており、プールの連なりというよりは河原の長い階段といった状態で、さすがのオイカワ（ここでは昭八と呼ばれるが）もすみつけないようであった。そして最後に立ちはだかったのがダムである。この水量になぜこれほどのものがというところに、治山治水と関係した河川のかかえている現在の困難さが見られる。

伊予灘に注ぐほんの数キロの上灘川の上流はカワムツもよく釣れた。しかし、中流は、ホタル繁殖のためとかで岩をしきつめたゆる瀬といった理解し難い変えられ方をしていた。工事が終ったばかりというせいもあってか、まるで目黒区民センターの間の流水といった様相で、魚影は全く見られなかった。カワムツ釣りをしていると、ホタルの里といった立て看によく出合うが、これほどのものははじめてである。ホタル大事という人々の思いがどういう結果になるのか、何年か後に再度訪れてみたい。

帰京して間もなく、四月二十六日の朝日の朝刊は、「石垣島の白保における空港建設の埋立て計画、沖縄県が変更」と報じている。宍道湖、石垣島といった、水に対する無智で無謀な開発計画が、自然との関係のもち方について強い関心をもつ世論によって中断されたことにも元気づけられ、長良川の河口堰建設中止を求める声が今、全国的に大きく広がりつつある。前二者では漁民の果たす役割がそれなりに重要であったが、長良川の場合は、沿川の漁民が力抗せず敗退した段階で、釣りやカヌーなどで水を楽しむ、大阪や東京で暮す人々が声をあげたということのようである。

暮しに余裕ができて来たことやリゾート化とも関連して、人々が自然環境との関係のもち方に具体的に行動し始めたことはうれしいが、他所の人々が生活から遠いところで強い関心をもつことには、いろいろ気にかかることもある。

石垣島白保の問題と共に長良川の今後の進展についても、そこに住む人々がこれからも長く暮し続けるということを基本にして強い関心とこだわりをもってゆきたい。

サケ稚魚を捕食する害魚としての扱いから
北海道のシンボルに。そして保護養殖へ？

北海道、稚内の近く猿払の卒業生がもって来てくれた商売もののズワイガニをごちそうになったのは十日ほど前、そして今晩、テレビで猿払川でのイトウ釣りを見て再びぜいたくを味わった。そして、例年のごとく、大学祭で釣り同好会が催したプールを釣り堀と化してのニジマス釣りがにぎわったのは十日前だった。北端の原野におけるイトウ釣りと金網で囲まれたプールでのニジマス釣り、ミンクの毛をフライの材料とする釣りと赤く染めたうどんを餌にしての釣り、今は全く異なるものが将来は似たものになってしまうのではないかというのが今回の心配。

現在のイトウ釣りが、誰でも簡単にやれるものではないぜいたくな遊びであり、しかし、できればこんな楽しいことはないであろうことは多言を要しない。だから、ここではまず、ニジマス釣りについての筆者の思いから述べよう。

ニジマス釣りとはこういうものだという筆者の思い込みがあまりかんばしいものではないのは、その原体験ともいえるものと関係している。

今から二十五年前、オイカワの増殖のための調査研究ということで多摩川の支流、秋川の漁業協同組合にお世話になったことがある。ダムができ、川がプールの連なりとなればいやでも増えるオイカワを増殖とはどういうことかと考える方がいるのはもっともで、筆者も何もしなくても増えるのにとぼやきながら、都釣連からの補助による年間十万円の研究費で、オイカワがなぜ増えるかを調査し、オイカワの産卵床造成（ウグイでいうところの「ほり」をつくる）を行った。

その当時もおぼろげながら理解していたが、今になってよくわかるのはなぜ金をかけてまでもオイカワの産卵床造成をしたかということである。それは漁業法第百二十七条と第百二十九条の定めによっているのである。

すなわち、内水面における第五種共同漁業権はその免許を受けた者が当該内水面において水産動植物の増殖をする場合でなければ免許してはならないとなっており、また、そのようにして免許を受けた漁協は遊漁規則を定め、組合員以外の者のする水産動物の採捕（それを遊漁という）に対して遊漁料を納付させることができるとなっている。

オイカワもこの漁業権の対象魚とすれば、遊漁料を取れる。ただしその増殖を行わなければならない。よって、その効果や意味があろうとなかろうと、まがりなりにも増殖事業を行うならば、遊漁料をとってよいということになる。

実はこの定めが、川を漁業者の漁場から、遊漁者の釣り場へ、そして釣り堀化へという流れを加速したともいえる。「漁場破壊を許さず、乱獲をしない」という漁民にとっての沿岸漁業維持発展の原則は内水面漁業においてもそのままあてはまるものだが、なかなかそうはならずダムや堰がつくられ、砂利がとられ毒流しや密漁が行われてせっせとアユの移殖放流を行わざるを得なくなった。

本来、自然に川を遡っているアユを釣っている人から遊漁料金は取りにくい。しかし、放流していれば、放流しなければ釣りそのものが成り立たない川では、大手を振って遊漁料金をとれるという訳である。

さて、本題のニジマスにもどると、秋川の支流養沢川では漁協が国際ます釣り場とレストハウスを経営しており、ここに泊めて頂いて調査をしていた。そこで朝や晩に立川や福生の基地からやってくる米軍兵や東京の下町からの家族連れなどが、石で仕切られた川に毎日放流されたニジマスを喜んで釣るのに接していた。

実はこのます釣り場の経営と漁業権の関係は、占領軍に対する特例的な戦後間もなくのややこしい事情があるのだが、それは別の機会にゆずるとして、長野などから運ばれて来たニジマスが、釣り人のすぐそばに定刻にバケツで放流され、それをビールの小ビンを片手にしてアメリカ人がもっと放流しろとさいそくする光景というものは、強烈な印象を与えた。アメリカの釣りとはこういうものかと感じたが、実は日本の現状を二〜三十年先取りした光景でもあったのである。

それゆえ、それから四、五年後に、一九六八年に書かれたK・E・Fワットの『生態学と資源管理』（築地書館）という本を多くの若い人達で翻訳したときに担当した章の内容がよく理解できた。

——結局、人工放流の現在の状況は、自然の繁殖を助長するのに、なにが最善かをきめるまったく新しい理論、すなわち「put and take」（入れて取る）の原理を導いた。この原理は三つの問題を同時に解決する。1都市近郊にはレクリエーションとして釣りや狩りを望む人が多い。2この要求は、環境の収容力が維持できる動物の数によっては、まかないきれない。3もし幼い動物を放飼したとすると、釣り人またはハンターがそれらを殺す前に、ほとんどが自然死亡によって死んでしまう。一つの解答は、自然死亡による減少が最大の年齢を過ぎて充分成長するまで動物を飼育し、解禁間近に放し、そして、放した動物の大部分を二〜三日で捕えてしまうということである。Jensen（1958）は、

ある川で放流された漁獲可能なニジマスの半数以上が、放流後九〜十二日以内に採捕された例を示している。これは明らかに高度に人工的な状況にある魚が、そのような短期間しか水中にとどまらないのならば、(環境の)収容力は無関係となってしまう。

人工的に一年中成魚をつくれるようになった結果としてのアユやニジマスの釣りの現状とこの文章とを重ね合わせながら、長良川の河口堰建設の問題を考えるときいろいろのことが見えてくる。

本州から西の川がアユ中心の川になっているとすると、北海道ではサケ中心の川となっている。その結果、サケの稚魚を捕食するとしてイトウはこれまで害魚扱いを受けてきている。それゆえ、イトウの減った原因の一つとしてオオカミやトラの受けた扱いと運命を考える必要がある。原野でのイトウ釣りにブロイラーのようなアユやニジマスを釣るのとは全く異なる面白さとロマンを感ずるのも理由のあることである。

ところが、風向きが変ってきた。自然環境の大切さ、そして北海道のシンボルとしてのイトウを見なおそうということで、道知事がイトウの保護を言い出した。これがイトウにとっては喜ぶべきことかもしれないが、釣り人にとってはそう簡単な問題ではない。

保護ということが強く打ち出されれば、今までとは百八〇度転換の捕獲禁止になってしまう可能性もある。増殖しながら利用しようということになれば、漁業権魚種となり、遊漁料金を払っての釣りということになる。ブラックバスでの動向や、これまでのイトウについての人工ふ化技術の研究の歴史から見ると、後者の方向に進みそうである。

とはいえ、人に飼われて百年近い歴史をもつニジマスと、十一月から五月まで氷の下にひそんでしまうイトウとでは話がちがう、といったことを期待するしかないのだろうか。

アメリカでは現在、USER Feesheries（金を払う漁、受益者負担の漁の意か）ということすら言われている。このことの是非もふくめて、イトウとのかかわり方を釣り人中心に考えてみよう。

環境の維持をないがしろにすると、
ふ化放流でいくら対処しようとしても無理である

今年は春頃からハヤ類（オイカワやウグイ）が減った、釣れなくなったという声を関東各地で聞いた。最初は多摩川について。東京都の内水面担当者のところに釣り人から電話がかかった。雑魚券でヤマベやウグイを釣るのだが釣れない。漁協は増殖事業をやっていないのではないか、どうにかしろと。

丁度その頃、上野の不忍の池のウが大挙して多摩川中流域に餌を求めて飛来する様がテレビで放映されたりしたので、これがハヤの仲間を減らした元凶としてまず疑われた。そして、調査の手が同じ東京都の動物園内の不忍の池にまでのびた。しかし、公園内の担当者はウノトリはウチで飼っている訳でもないので、そう言われても困惑するばかりであったとのこと。

けれどもウにもいろいろ事情があった。不忍の池の島が住み心地がまああだったということもあって、それまで千数百羽だったものが四千羽近くに増えてしまったこと。また、東京湾奥の餌場がディズニーランドだウォーターフロントだということで埋め立てられ消滅してしまったこと。そこで止むを得ず、内陸部までわざわざ餌を求めて出かけなければならなくなってしまった。ここでウのために一言だけ言っておきたい。このハヤ類の減少について春先からハヤ類の稚魚や小型魚を見ないとも言われていた。しかしウはハヤ類の稚魚を餌にはできない。ということはヌレギヌとも言える。

四月中旬に埼玉県の水産試験場で「人と川の魚と水」ということで話す機会があった。県内の淡水魚にかかわりをもったり関心をもつ人々が五十人ほど集まられた。そこでもやはり、ウグイやオイカワの減少が問題になった。そこで、いろいろ教えて頂くなかで五つほど考えられる原因を整理してみた。

①ここでもウが問題にされたが一応主犯としては除外する。

②去年、一昨年と続けて夏に雨が多かった。そのために川の増水により稚魚が流され減ったという説。漁業関係者からの発言でかなり説得力がある。けれども、この増水はじわっとした増水であった。その結果、富士五湖のブラックバス釣りなどは、状況が大きく変化して釣り人は大混乱ということになった。川では異常な増水というものでもなかったし、その程度の増水で減ってしまうようでは、川の魚をやってられないということも言えるので、やはり主犯としては線が弱い。特にウグイは川にへばりついている魚なので。

③ゴルフ場からの農薬説。一九七〇年前後、農薬の過剰使用によって川からエビやカニ、そして小魚が消えてしまったことがある。調査でオイカワの採集に行った山形県の川で、川の中一面、白く魚が浮いているのに出会ったときはショックだった。その後、そのようなことは減った。しかし、新たに異なる農薬がゴルフという遊びのために大量に散布されるようになった。その急増ぶりと実態が把握しにくいということからこれは犯人のうちに入れておく必要がある。質の異なる新たな農薬の影響は見えにくくわかりにくいので困りものだ。川の水はきれいで透明だが毒が入っているという新たな問題の一つの原因として要注意である。

④ゴルフ場造成をはじめ、宅地開発など、結果として土砂流入や出水をともなう川の魚にとってよいことはない土木工事が、最近は川の中流から上流域にかけて侵出しはじめている。この五月にも、丹沢にヤマメ（アマゴも）釣りに出かけ、あまり釣れはしないがまあまあの流れだと遡って行ったら、いきなり右岸より大量の土石が川に崩れ込んでいるところに出くわし、自分の認識不足を反省したばかりである。上って見たら宅地造成のようであった。神奈川県だから仕方がないかと思ってしまったがそれは多分間違いだろう。

⑤アユの過剰放流説。これまでは、放流用の琵琶湖のコアユが品不足で、漁協の担当者が苦労することが多かった。ところが近年人工種苗の生産がさかんになり、質はともかく量的

には放流用コアユが従来の約三分の一の価格になった。単なる需要と供給の関係と言える。となると釣り人が払う入漁料よりなる増殖費で、漁協はこれまでの三倍の量のコアユを購入できることになる。事実各地の漁協はそのようにして三倍のアユを放流してしまった。結果として川の中はアユだらけとなる。ここまでは今年各地の川で起こった事実である。この先はそれにもとずく推定。アユは密度が高くなると、なわばりをもってコケを食むということができない「群れアユ」が多数出現すると言われている。そのような群れアユが食うものに事欠いてウグイの卵や稚魚を補食するというのは考えられなくもない。その結果ウグイが減少した—。

この最後の説が最も受けやすくわかりやすいように見える。けれどもこれだとオイカワの減少の説明にはなりにくい。というのはオイカワの産卵場所や稚魚の生息場所とアユの生活する場所とは重なり合わないからである。

丹沢でのヤマメの調査の帰り道、オイカワの調査材料採集のため中津川で何人かで釣りをした。餌はサシである。短い時間で十匹ほど釣れた。内訳はアユが八にオイカワ二であった。これにはあわてると同時にあきれてしまった。こんなことがあってよいのか。

ただこのヤバさ、最近はいやでも経験せざるを得ない。昨年の十一月、静岡の川にカワムツ採集に何人かで出かけた。何もいそうもないどうしようもない小さな落ち込みでミミズで銀毛化したアマゴが釣れてしまうのである。それも数カ所で何尾もである。放流による人為のなせる業といえるかもしれない。若い人たちはあわてて放流していた。私は食べてもよいと思ったが…。

問題はアユやアマゴが釣れてしまったことではない。オイカワが釣るのに大変な魚になってしまったことである。

こう書くと、ハヤ類が減った第⑥番目の要因として、釣りすぎすなわち乱獲という説を検討しなければならない。確かに、入賞者は千尾以上という最近のオイカワ釣り大会の様相を知るとそのようなことも心配したくなる。けれども川のイワシとも言えるオイカワにおいて乱獲ということが起こり得るのかとも考えたくなる。オイカワの多い場所で競技をやるのは、イワシの多い漁場でまき網を操業するようなもので、競技の対象とならない川でオイカワの少ないこととは無関係のようである。

以上のことから考えられることは、ウグイもオイカワも、卵や稚魚の段階から減少しているのではないかということである。その原因として川の水の汚染が考えられる。しかし、一九七〇年前後に比べて近年は海も川も水はきれいになっている。見た目には…。しかし、水は澄んでいるが魚や貝にとっては棲みにくいということはあり得る。複合的な汚染によってそのようなことが進行しているように思えてならない。

このような取り越し苦労とも言えるようなことを書くのは、ここ二、三年力を入れて取り組んでいる海における有機すず汚染の実態を知るが故である。ＴＢＴやＴＢＴＯまたはＴＰＴという有機すず化合物は漁網の防汚剤や船底塗料として十数年前より使われ出したが、その毒性が強くカキなどの海洋生物に悪影響を与えるので、英、米、仏などでは小型船への使用が禁止されている。日本ではハマチ養殖の網イケスなどへの使用は二年ほど前から自粛しているが、船底塗料としての使用はほとんど野放し状態であった。

その結果、第二のＰＣＢと言われるこの毒物を溶かしまき散らしながら船は航行しているわけで、きれいな海の見本のような小笠原や沖縄の海で獲れる貝類から有機すずが検出される事態となっている。そこで、有害物質の環境や人体への影響という問題ではすべてに言えることだが発生源を断つということで、有機すずの使用禁止、製造禁止を実施させるべく、国会やマスコミ等を通じて通産省に働きかけてきた。ようやくその成果が現れ、この七月から八月にかけて次々と規制が打ち出され、完全に息の根を止めるところまでもう一息というところまで来ている。

しかし、そういったこともすでに遅すぎたのではないかと考えさせる出来事も起こっている。それは、バイという巻き貝が有機すずの影響で雌にペニスが出来てしまい、卵が産めなくなり減少するということである。そこで各地の栽培漁業センターでは人工的に種苗生産をしてバイを放流し漁獲量を回復させようとしているが、海水や海底の土さらにはバイの餌となる死んだ魚などが汚染されているので、満足のいく採卵ができる親貝の確保が困難となっている。バイの種苗生産ではパイオニアであり多くの研究著業績のある鳥取県栽培漁業センターと栽培漁業協会に八月の末にうかがっていろいろその苦労の実情を教えて頂いた。

担当の浜田文彦さんといろいろ話しているうちに、浜田さんが『フライの雑誌』の購読者であることが判った。フライの釣りを愉しむ人が、この問題では第一人者である。

海や川の水をはじめとする環境の維持をないがしろにすると、ふ化放流その他でいくら対処しようとしても無理であることをこのことは教えてくれる。前号の長良川河口堰の問題に関連して書いたことともよく符号する。

ここまで書いて来て、今から二十年ほど前、内陸県の水産試験場でオイカワのふ化放流の研究が行われたことを思い出した。川がオイカワだらけになるというのも問題だが、オイカワの棲めない川というのはもっと怖い。だからと言ってオイカワのふ化放流というのはもっとどうしようもないという気がする。

まだ間に合うのならということが、あらためて意味をもってくる。

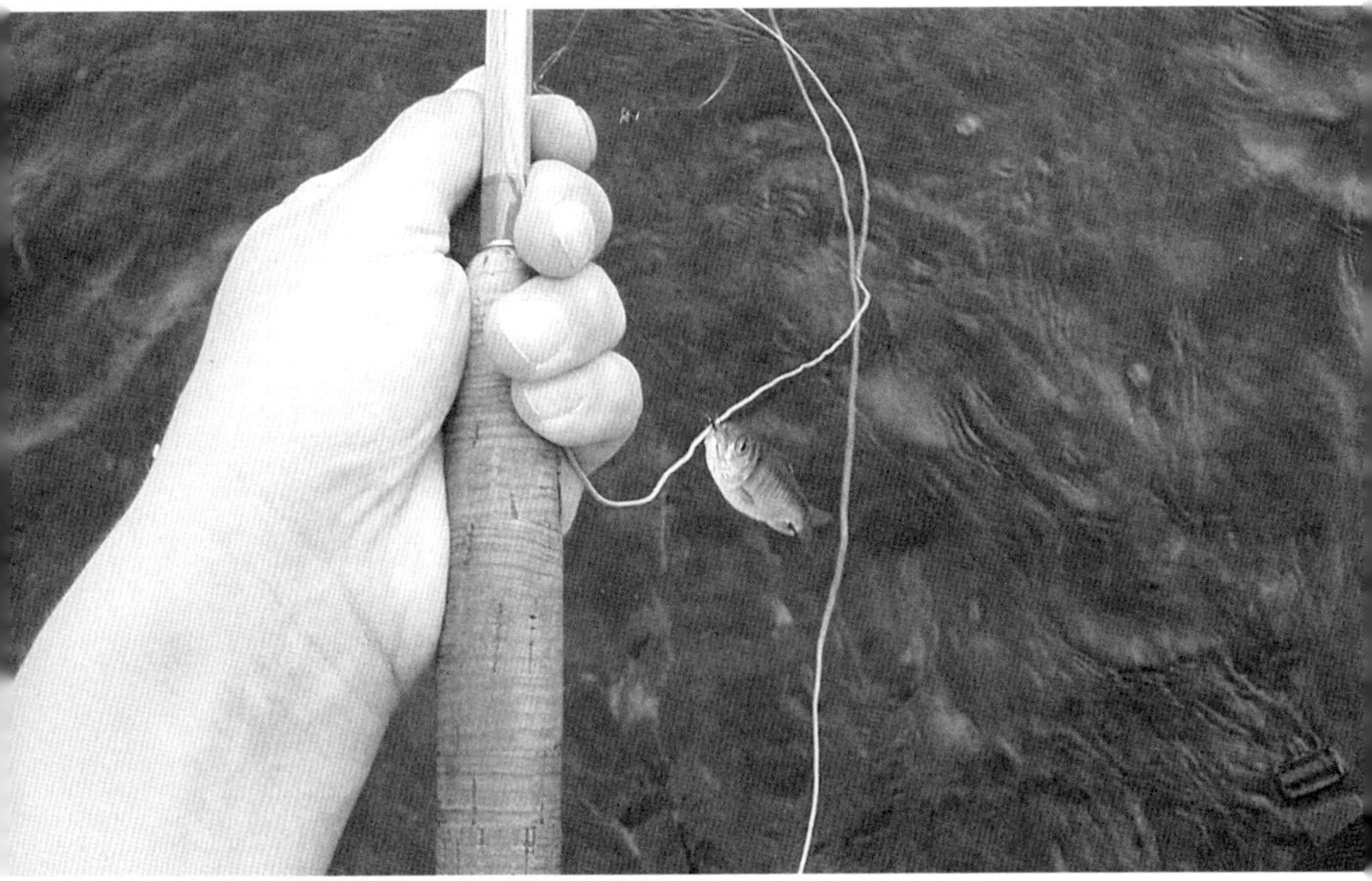

今やっている仕事を釣りが楽しめるようにどう変えてしまうか
釣りと仕事が区別のつかないものにしてしまえるか

千葉県御宿町に岩和田漁協という元気な組合がある。黒潮の洗うアワビ、サザエ、イセエビや海藻の好漁場を見下ろす高台にゴルフ場の建設が計画され、漁協の青年部、婦人部を先頭に組合が一丸となって、土砂や農薬が漁場に流れ込むこととなるその建設に猛反対をしている。この組合は、全国的に後継者不足といわれる中で漁業を仕事として選ぶ若者が近隣の組合に比べて多い。その若者たちが取り組む漁は、夏の潜水漁と周年を通してのカツオ、マグロ、ヒラマサなどの曳き釣りとイカ釣りである。

このことについて私は、梅宮辰夫や松方弘樹、そして多くの人々が他でかせいで時間をどうにかつくり自然環境を楽しみながらやっているトローリングやダイビングを毎日仕事でやっているのだからこんな楽しいことはないのではないかとよく言うことがある。しかし、この見方に対して同意の反応は少ない。それは次のようなことを多くの人が考えているからかもしれない。
①仕事と遊びは違う。これらは別のもので、比べられない。
②仕事としてトローリングやダイビングをやっている若者たち自身も、楽しい毎日とみんながみんな思っているわけではないだろう。
③海がきれいだ、自然や環境がよいといっても仕事となればそうばかりも言っていられないのではないか。

これらのことは私もその通りではないかと考える。というのは、この一年の間に若者が高校を卒業してすぐにまたはUターンして漁業を仕事として選ぶ例に、沖縄県におけるセイイカ（ソデイカ）釣りや愛媛県宇和海における真珠母貝養殖業等各地で出合っているが、それらに共通するのは収入がよく安定しているからという選択理由があるからだ。

ここで、釣りと仕事の関係について単純に整理してそれを具体化している有名人を考えてみる。

［a］釣りを充分楽しめるうまい話またはよい仕事はないか。例えば服部名人や西山徹さんのような。

［b］釣りのできる（かせぎとしての）仕事はないものか。ご本人たちが釣りが好きかどうかは知らないが傍目には西田敏行さんや三国連太郎さんのような。

［c］かせぎ（食うこと）はかせぎとして、どう釣りを楽しむか。松方さんや梅宮さんはテレビで釣りをしながらかせいでいるのでむしろ［b］のなかまで、『フライの雑誌』読者の大部分がこのなかまに入るのではないだろうか。

このようなことを考えていたら、釣り好きの卒論学生たちの就職の仕方のこの二、三〇年の変化に気がつかされた。

まず、一九六九年、学内で入試粉砕のデモが行なわれる中受験した四人について。ともに小櫃川上流房総半島の頭頂にある清澄でウグイや水生昆虫の調査を泊り込みでやったなかまであるが、K君は北海道のさけますふ化場に就職し、イトウの研究では現在第一人者になりつつあるが釣りを楽しんでいるとは聞かない。

Y君は秋田県の水産試験場を選び現在仕事でサクラマス等も担当しているが、只今完全にハマってしまっているのは蘭であり、インドネシアの熱帯雨林にももぐり込んでいる。

O君は大企業の研究所にもぐり込んだが五、六年で辞めて一時バーの手伝いをしていたがそのうちにフルートで食ってゆくと宣言し、現在釣りをどの程度やっているかは知らない。

N君は富山県の水産試験場を受けたが落とされた。後でわかったことだがこの年東京水産大からは採用しないと内部では決まっていたとのこと。その結果、都下の市役所に勤務することになり、現在この人が一番釣りを楽しんでいるようである。

最近一〇年間は全く様子が違っている。オリンピック、ダイワ、スミス、ティムコといった釣り具メーカーを選んできちんと就職してゆく。その中にはその後会社を辞めてタクシードライバーを経てバスプロとして成功しつつあるN君のような人もいる。そして、ここ一、二年は、バスプロを目ざして水産大学に入ってくる学生も出現し出した。

それでは、私の釣りと仕事との関係はどうだろうか。今から三〇年ぐらい昔雑誌『フィッシング』の創刊時代から魚について書いたものをまとめたのが最初の著書『釣りと魚の科学』(産報出版一九七四年)である。この本は一三刷以上出され新幹線の駅の売店でも売られていたという、筆者の最初で最後のベストセラー本である。この本を神田の古書店でさがし求めて『フライの雑誌』の中沢孝さんが大学に訪ねてこられたのが本誌との創刊以来のつき合いの始まりである。

この本のあとがきの中で私は、「潜水観察で最初に魚に接してしまったためか、あまり釣りをしない筆者」と書いている。その後これにもう一つ釣りをしない理由として「漁師の船に乗せてもらってイシダイでもスズキでも一〇〇、二〇〇と獲れるのを見てしまうと」というのもつけ加わる。研究の必要上オイカワやカワムツの釣りは一〇〇回近くやっているがそれは仕事としてである。要は釣りが好きということではないというわけである。

私の趣味や道楽は何かということになると、絶好の釣日和の休日は殆ど終日、酒とケーブルテレビの映画と乱読で過ごす。それではなぜ好きでもない釣りの雑誌に三〇年近く文章を書いているかというと、釣りという現象を通して見えてくる人と魚と水の関係が面白いのである。

アニメオタクの岡田斗司夫さんが東大オタク学講座で、「オタクの基本的スタンスってのは「のめり込むでもなく否定するでもなく、面白がる」ことなんだと見きわめているが、そういう意味では私は釣りオタクなのかもしれない。そして、本欄へのかかわり方についても、岡田さんの「批評というのは対象そのものを語るのではなく、自分と対象との間に横たわる"感じ方を決定するバイアス"について語るもの」というのに変に納得してしまった。

さらに、「つまりファンやマニアとオタクとの差は対象と自分との関係を振り返れるかどうかなんです」ということになると、これは釣りと仕事との関係の対極にある釣りと遊びとの関係をも一度きちんと考えてみる必要があるのかもしれない。

その著書『山里の釣りから』を雑誌『アニマ』で書評した一九八〇年以来のつき合いの哲学者内山節さんは、自然と労働を考える中で、これまで述べてきたこととの関連で魅力的な仕事観を提起している。それは、「〈稼ぐための労働〉を〈仕事としての労働〉に転じながら資本制賃労働の矛盾を自らの主体性によって消去していく、それは人間の本質的な行動原理のようなものである」といったかなり難解なものであるが、釣りオタクとしてはよくわかる。

というのは、ヤマメやイワナしか釣らない内山さんの三〇年近い釣りを大切にした生活が、仕事としての労働と対のものとして位置づけられているからである。

内山さんは「原理的にはこの社会のもとでは、私たちは稼ぐために働きに出る。ところがその労働のなかで私たちは自分の意志を実現しようとしたり、自分の能力を生かそうとしたり、労働のなかで何かをつくりだしながら社会や歴史とつながっていこうとするのである。労働力の切り売りをしながら暮らしているはずの私たちが、その〈稼ぐための労働〉に別の意味を付与させながら、それを〈仕事としての労働〉に転じさせていく、私は人間はこのような行動様式をもっているのだという気がする」と仕事としての労働を考えるいっぽう、普通言われる「遊び」とは別に、仕事としての労働の文脈の中では遊びはアソビ〈例えば歯車のアソビというような〉であり、労働の外に遊びがあるのではなく、労働の中の「間」とでも言うような形でアソビが生じているとも言っている。

最後に西山徹さんはうらやましいまれな例なのかについて考えてみる。西山さんも漁師も釣りをすることにおいては同じである。ただしその商品にするものがちがう。漁師は釣った魚を商品にするが、西山さんは、釣る行為を映像や文章にして商品化する。漁師はそんなことはとてもできないと言うだろう。また、西山さんはそのような稼ぎとしての労働の中で、やりたくない釣りもしなければならないかもしれない。これほどつまらない釣りはないかもしれない。

釣りと仕事の関係を考える時、なりたい人として思い出されるのは、『フライの雑誌』でおなじみの宇奈月小学校フライ教室日記の本村雅宏さんである。私も釣りを対象とした卒論学生と資料の解析等についてデスマッチをするときは、つばを飛ばして語るものをもつことの幸福感を感じたりすることもある。

大切なことは、釣りの楽しめる仕事は何かを考えさがし求めることではない。今やっている仕事を釣りが楽しめるようにどう変えてしまうか、さらには、釣りと仕事が区別のつかないものにしてしまうことだろう。後者の見本が島崎憲司郎さんだと思う。ちがったらごめん。

漁業者の川から釣り人の川へ ――秋川（東京）と高津川（島根）とに見る魚類管理から

はじめに

釣り人口一千万人と言われたのは数年前のことで、最近の調査では、その数が一千七百万人を突破しているという。魚釣りを愛好する人、釣りに行きたいと思っている人、こういったなんらかの形で釣りに関心を持っている人をも含めるとなると、現在どの位いるかはよくわからない。一方、釣りの対象となる魚の種類数、数量、釣り人一人当りの平均釣果といったものが年々増加しているとは思えない。

こういった釣り人口の増加と魚の減少が起っている状況の中で、人々を釣りに誘い込み熱中させるものとして、釣り具業界とその関連産業、および雑誌、新聞そしてテレビといったマスコミがある。

これら三つの流れによって起った原因はさておき、流れの行く末、合流点には暗いものしか想像できない。魚のいない釣り場に、知識にあふれよく釣れる装備をした釣り人が、大量に殺到する。その結果として釣り人の暴動が起るかもしれない。それもまた必要ではあろう。

しかし、その時点で何をやろうとも楽しみとしての釣りは失われてしまっている。

それではどうすればよいのか? 私は次の三点を明らかにする中から、その答を出せると思う。
一、どのような形で、どの部分の力により、これからの釣りが方向づけられようとしているのか。
二、釣りにはどんな可能性があるのか。
三、そして釣り人は何をなすべきか。
こういったことを検討した結果を、これから機会あるごとに発言してゆきたい。まず今回は、川の釣りを維持するための方向について。

川における漁業の現況

川で釣りをする人の漁業協同組合に対する意見として、「自然に川にいる魚を釣るのになぜ入漁料をとるのか?」「漁業組合というのは補償をとるための団体なのではないか?」といった声が聞かれる。一方、水質汚濁、ダム建設、魚類資源の激減、漁業経営なき漁業権、釣り人の増加…といった状況を分析して、淡水区水産研究所の児玉康雄氏は、次のような提案をしている。

「下流を除いて上、中流、ダム域ではいずれもレクリエーションまたは観光と密着して魚類の増殖、管理、飼育を行う『業』―経営が不可能でない。ただし、この場合、経営を行なうモノは四十四万人に達する漁業組合員全員ではなく、彼らの委託を受けた少人数の専業者とならざるをえない。しかし、もしこのようにして経営が行なわれてゆけば、漁業以外の産業による水利用が川魚資源の息の根をとめるまでに一方的に進められることはなくなり、長い将来にわたって多くの市民が川の魚類生産力の恩恵を受けることが出来るものと考える。」(『川魚資源はどこへいく?』自然一九六三年四月号)

その後、この提案に対する何の策もなされないままに、川の荒廃は速度を早めている。ただ、実質的な「レクリエーションまたは観光と密着した(漁)業」だけは都市近郊を中心にさかんになりつつある。そこで、最初に述べた釣り人の漁業組合に対して持っている疑問を解き明しながら、漁業組合の実体を探り、さらに〈釣り人の管理する川〉への可能性を検討してみようというのが、今回の試みである。

まず、現在川で漁業は成り立っているのか、魚類資源の増殖管理はどのように行なわれているのか―などを次の表を参考に考えてみる。これは、東京都下にある秋川漁業協同組合の山崎竹次郎組合長と、島根県の高津川漁業協同組合長吉田春美氏にお話を伺いまとめたものである。これは完全な比較にはならない簡単な表であるが、両河川の漁業の概略は知ることが出来ると思う。いくつかの特徴をまとめてみると…。

①秋川の組合員にとっては、川魚が一般の釣り人にとってとそう変わらない意味しか持っていないのに対して、高津川では組合員の生活に非常に重要な価値をもっている。

②組合の収入面において、高津川が漁業生産関係が主であるのに対して、秋川は入漁料、マス釣り場といったように、レクリエーションまたは観光と密着した業務に頼っている。

③秋川がアユの種苗を始め、ニジマスも百%放流に頼っているのに対して、高津川は天然産卵あるいは天然遡上で大部分をまかなっている。

④釣り人優先か、漁業者優先かは、アユにおける使用可能漁具に最もよく現れている。秋川が大量にはとれず、多くの人が楽しめる友釣り、ドブ釣りに限っているのに対して、高津川は網中心。これは川の大きさのちがいも関係あるが、主な理由は組合の資源管理の重点のおき方のちがいによると思う。秋川でも昭和二二、三年頃までは、専業者がおり、網によるアユ漁がさかんだったという。

⑤これら二つの川では、砂利採取、汚水のたれ流しなどに対する厳しい監視を行ない、魚の住める川の維持に努力している。筆者は、オイカワ調査のために全国のかなりの数の河川を歩き回ったが、その中できれいなよい川としてこの二つは印象に残っている。

	秋川漁業協同組合（東京）	高津川漁業協同組合（島根）
組合員の漁業への依存度	組合員3600人、組合費年1000円。漁獲物は自家消費または小づかい銭程度の収入。専業者は一人もおらず漁業への依存度はゼロに近い。	漁期の専業者は80～100名、組合員平均出漁日数は50日前後。専業者は100日以上。年収に対する漁業収入の割合は専業者で50～80％。組合員平均10～20％。
魚種別漁獲高	放流しているものが主に漁獲される。アユ、ニジマス、ヤマメ、ウグイ、コイなど。漁獲高はおさえられない。	アユ120～150トン、コイ20トン、ウナギ8～10トン、フナ10トン、ウグイ25～30トン、オイカワ10～20トン。その他100～120トンと推定される。
放流事業及びその他の事業	放流増殖費1400万円で、アユ70万尾、ニジマス成魚を10万尾、ヤマメ7万尾等を放流。この費用の半分が釣り人からの入漁料、半分が組合経営のニジマス釣り場より。	1年にアユ50万尾、ウナギ5千尾、コイ5千尾、フナ25万粒、ニジマス5千尾。事業としては他に、生産物販売で2000～3000万円。資材斡旋で500～1000万円といったものがある。
アユの種苗の供給状況	天然遡上なし。湖産、海産の稚アユを放流。	天然遡上が90％、放流が10％。
アユの漁獲方法	秋川全域で年間を通じて投網を始めとする網類の全面使用禁止。主に友釣り、ドブ釣りによる。9月1日からはころがし釣り、眼鏡が可能。	主に刺網、投網、竿掛、解禁日より可能。瀬張網のみは8月1日より許可。
組合員以外の釣り	年間アユに約13,000人、ニジマスに約2000人。	年間10万～20万人。釣り人からの入漁料収入120万円位。釣り人の比重がだんだん重くなっている。

※1972年記録

〈釣り人の川・秋川〉の例

〈漁業者の川〉〈釣り人の川〉という言い方は多くの誤解を招くのだが、あえてそのような分け方に固執すれば、高津川は代表的な漁業者の川であり、釣り人の川といった時に真先に思い出されるのが、秋川である。

昔、川はみな高津川のような漁業の成り立つ川であった。それが、人口増加、都市化といった言葉で表わされる時代の流れにより、秋川のような川も生じて来たのであろう。そういう時に、「自然の状態が保たれた漁業収入のある高津川であり、自然環境の破壊につながる観光対策は考えない」という高津川の吉田組合長の言葉は貴重なものであろう。また川によっては、年間の生計を川魚によって求めている人々もいる。

高津川やこれらの川においては、あくまでも漁業者が主であり、楽しみやスポーツとして釣りをやる人々は従であるべきだと思う。このような川に対して〈漁業者の川から釣り人の川へ〉という言葉をぶつけるつもりは筆者には毛頭ない。

しかし、そういった場合でも、入漁料および漁についての種々の規制などについては、釣り人の主張は主張として提案し、漁業者との話し合いのもとに川の保全、魚類資源の維持に努力すべきだろう。

一方、漁業の成り立たない、またダム工事その他の補償という形で身売りされたまま放置されている荒れた川も多い。特に、汚濁等との関係で、大都市近辺にこういった、ただ水が流れているだけの、魚が利用できない、できても利用されてない川が多い。

こうなるはずだったものをうまく管理して、組合員も楽しめる〈釣り人の川〉へと転換させていったのが、秋川だろう。この川についてさらに調べてみると、「釣り人の自主管理による川」といったものを模索する際の手がかりが得られる。

〔一〕まず入漁料の問題であるが、下流にいくつかのダムおよび多摩川、東京湾がある秋川にアユが遡上しないのは明らかで、ニジマスと共に放流しなければ一尾も釣れない魚であることは、これもまた明らかである。それゆえ、放流増殖費に見合う入漁料は当然払うべきであろう。現在、大都市近くで、金を使わずに釣りをするのは無理な状態になっている。ただその場合、ほとんど天然遡上である高津川において、秋川と同じ入漁料を、もしとっているとすれば、これはおかしなことになる。

〔二〕秋川漁業協同組合の組合員は、大部分が商店主やサラリーマン、郵便局員といったようにどこにでもみられる町の住民で、日曜や休日、また朝夕の短時間娯楽や小遣銭かせぎに釣りをする人々である。ただその場合、秋川沿岸の一定地域に居住していることが、組合員たる必要条件である。他地区の人は組合員になれない。ここに一つ、釣り人の川という時の漁業法上の壁がある。

〔三〕秋川ではアユのシーズン終了後、多摩地区の釣り人からその年の漁の結果等を聞く会をやっているとのこと。その実体はよくわからないが、こういった集まりをもっと拡大強化して、そのシーズンの放流計画といったことまで検討するものとしてしまうことが考えられる。釣り人がだれでも参加、発言できる機関を、現在川の管理運営における最高決定機関である漁業組合の総会と同じレベルのものにするのである。

川の管理と保全はどうあるべきか？

現行漁業法の第一二九条（遊漁規則）は、漁業組合が入漁料をとる条件として次のことを定めている。

一、遊漁を不当に制限するものでないこと。

二、遊漁料の額が、当該漁業権に依る水産動植物の増殖及び漁場の管理に要する費用の額に比して、妥当なものであること。

この条文は釣り人に関する数少ない貴重なもので、これを尊重するならば、入漁料の額およびその内容に対して、釣り人は意見を出せるし出すべきだと思う。その結果、秋川のような場合、釣り人と漁業組合員の差というものはほとんどなくなるだろう。

最初にもどって、「漁業組合というのは補償をとるための団体ではないのか?」という疑問に対しては、肯定せざるを得ない例が多い。その具体的な問題点は前述の児玉氏の論文に詳しいので、ここでは省略する。ただ現在進展中の秋川の例は、多くのことを考えさせる。

発端は、東京都が建設中の秋川から多摩川上流へ抜ける観光道路の工事のため、秋川の上流のヤマメ生息域が土砂や岩石で埋没してしまったことにある。これに対して漁業組合は、都を相手に数億円の漁業に対する損害補償請求を行なっている。この場合補償を請求するとしたら、漁業への依存度がほとんどない秋川では、その損害を受けたものは組合員だけでなく、組合員を含めた秋川を利用する釣り人全員である—として申し立てるのが本筋であろう。

もし釣り人に代って請求してくれているのなら、支払われたものは秋川の釣りに対して完全に還元されるものと思う。しかしこの問題は、魚だけに限られるべきものではなく、基本的には、沿岸住民が川を中心とした自然環境を破壊されたという点を重要視し、工事中止を申し立てる筋のものである。

こういった場合の漁業組合は、その地域に観光道路が必要かどうかまでは問題にし得ず、魚を名目として川の一部を切り売りするといったことで終るのが、各地に見られる現状である。

このことは魚をはじめとして、水、岩石、草木などを含めた川の管理保全は、〈漁業組合対釣り人〉といった関係で行なわれるのではなく、その川に関係するすべての人々からなる委員会とか市民団体によってなされるべきことを示唆している。

水産庁へ釣り人への施策を要求する

内水面漁業協同組合連合会内部にも、話し合いの相手として全国的な釣り人の組織を求める声が多いという。しかし、上記のことを考えればそこにもいろいろの問題がある。

現在、釣り人のいろいろな要求を持ってゆくべき関係官庁はと考えてみると、まず水産庁、スポーツ、レクリエーションということで、文部省、環境庁といったところが思い浮かぶ。だが、これらは今までいわゆる釣り人対策として何をして来たのだろうか…。

水産庁に、最近ようやく海のほうの釣りへの窓口が一人分出来たそうであるが、内水面関係はゼロで、いろいろ聞きにいっても何もわからない。漁業法の改正を機に漁業権の問題あたりをテコにして、どこでもよいから釣り人に対する施策を！　とゆさぶりをかける必要がある。

最後に、釣り人が、漁業組合が川の管理を行なう際のオブザーバー的なことしか出来ないのでは面白くない、自分達で金を出し合い、漁種を決定し、放流し、思い通りの釣りをしてみたいという人もいるだろう。しかし、釣り人が大同団結して法改正を行なわせるまで待てないという人は、次のことを考えてみるのも面白い。

現行法規内での一つの可能性…。漁業権の設定されていない川や遊休河川、その他自由になる水面を見つけ出す、またはつくり出すということ。場合によってはそこに居を定め、漁業組合をつくってしまう——というのはどうであろう？　ただし、観光企業にやられる前に、急いでやることが必要である。

やせがまんが日本の釣り場を救う

ききて　中沢孝（『フライの雑誌』編集部）

人間が手を入れ、活かすことを考えないと、川そのものがダメになることもある――

最近は漁業者も釣り人もタガがはずれつつある

中沢　川の水が変わり、魚も減ったり消えようとしている。釣りという「遊び」を長く続けて楽しむには、水をきれいに保つことと同時に、魚類資源の管理という考え方が必要である。しかし、水を汚し、川をつぶし、魚を乱獲するのもみな人である。問題は「魚と水と人の関係」なのだ、という観点から内水面の釣りと釣り場の状況について、水口さんはすでに十二年ほど前に釣り雑誌にも活発に書かれていました。その頃と比べて今の釣りと釣り場をとりまく状況は、変化していると思いますか？

水口　内水面漁業と釣り人の関係は全体的にみれば横這い状態できていて、大きくは変わっていないと思いますが、どちらかというと分極化しながら悲しい方向へきている気がします。

ある年令層の人たちを中心に上流域の渓流釣りは、フライフィッシングも含めて当時より増えたと思います。一方でルアーでブラックバスを釣る人も増えてきた。ブラックバス釣りはある意味で渓流の有料釣り場のニジマス利用と同じで、釣り堀化の傾向なんですが、上流域の渓流釣りと下流域溜池のブラックバス釣りの中間部分、その中流域の部分が空洞化してきている。これは中流域の漁業ができなくなったことと対応してるんですね。

アユ釣りにしても、そのおもしろさはもう昔語りのように釣り雑誌でも扱っている。アユが自然に海からのぼってきて、釣り味もよく、食べてもおいしいなんて状況がなくなりつつあるわけです。だから四国の四万十川《しまんと》のアユなど天然記念物的に注目されたりする。ルアー釣りでも人口が増えるにつれて、海のスズキを釣ったり、トローリングをはじめたりしてますね。日本人が豊かになって、釣りが変化してきた。

以前にも書いたことがあるんですが、釣りはそもそも「やせがまんの遊び」だと思うんですが、それが希薄になって、少し言葉が悪いんですが「げすな金持ちの遊び」になりつつあるように思える。とくに海釣りで激しいように思えますね。

中沢　「げすな金持ちの遊び」とは、お金にものをいわせて、とにかく魚を簡単に効率よく釣るための道具を揃える、たとえば最新の魚探とかを迷わず使うことをさしていると思いますが、今の日本の沿岸漁業に対する遠洋漁業みたいなものですか。

水口　まったく同じです。沿岸漁業も漁場と魚を長もちさせるには〈やせがまん〉が必要で、いわば自分たちを痛めて資源を長もちさせてるわけです。

いい例が二つあります。一つは釣り餌です。漁民は釣れる餌をよく知ってます。たとえばユムシとかゴカイの仲間のアカムシなどよく釣れる餌ですが、釣れすぎるという理由で自分たちで禁止している漁村もあります。そんなところでオキアミを使うとたいへんなことになる。オキアミは何かの理由で魚が非常に好むわけで、釣れすぎる餌なんです。釣り人がそれを使えば、漁民は当然それを禁止しろということになる。漁民には「釣れすぎるのはマズイ」という意識があるんです。

もう一つの例は、アワビやサザエを獲る場合で、大きく分けると三つの方法があります。まず船から箱メガネで覗いてサオ先につけたカギで獲る方法。次は自分で潜って獲る方法。三番目は器具を使って潜水で獲る方法。これはスキューバとかヘルメット潜水です。

日本でアワビを最初に大量に獲ったのは、今から百年以上前で、外国からヘルメット潜水を導入して獲ったときなんです。千葉県の機械根(いすみ根)というところで、機械を使ってアワビを獲ったのでその名がついたんですが、タイ漁でもいい漁場です。当時二、三年でもの凄い漁獲高になりました。しかし、その二、三年をすぎるとバタッとダメになった。今ではいちばん獲れたときの一割のレベルで横這い状態です。百年も前に機械で漁場をつぶしてしまったわけです。

ところが、ある一方で箱メガネで獲っていた方は、今も漁獲高が変わっていないんです。箱メガネといっても、古く板ガラスが入る前は、ナタネ油やクジラ脂を使ってた。ナタネ油やクジラ脂を口に含んで噛み、海面にパッと吐く、するとしばらく水面に油膜ができて水中が覗ける。それでアワビを獲ってた。せつないというか、おもしろいというか…。そのうち板ガラスが入ってきて箱メガネになったわけです。

海に潜らず船上から一つずつ獲る、この方法は岩の下にいるものは獲れない。常に岩の上にでてきたものしか獲らず、銀行預金の利息だけで暮らすようなもので、元金はそのままにしてある。

ところが潜りだしたわけです。ウェットスーツを着れば寒くないですから何時間でも潜れる。一度の漁で何回も潜れる。対してこれを着ないと体が冷えて、一日に潜る回数や時間は限られる。つまり、冷えてしまう自分の体が自己抑制のハカリになっているわけです。そうしておけば漁場は長もちする。

釣り人の世界もかつては同じだった自己抑制に相当するものがどこかにあった。しかし、今は漁業者も釣り人もそのタガがはずれつつあるようです。自己抑制などというと、何か精神運動みたいに思われるかもしれないですが、沿岸漁業に限っては、自己抑制というか、やせがまんの漁が結果としてお金儲けにつながると、私はいろいろ調べたうえで主張してるんです。

さきほどの機械根の話のように、一時期ワッと獲れてその後極端にダメになる場合と、箱メガネで少量ながら安定して獲ってきたのを比べると、トータルでは箱メガネが数値的にはっきり有利なんです。だから、漁場も釣りも、今ダメになっていく漁場や釣り場をなんとかしようとするとき、モラルとかゴミを捨てるのはやめましょうなんていうよりも「やせがまん」を守り続けることをいうべきです。

ところが釣り人にはそれが通じにくい。ある釣り人がいつも同じ川や海へ行き、他の人はこないのであれば「やせがまん」もできるかもしれない。しかし、釣り人は気ままにいろいろな川や海へ行く。そこで「やせがまん」をしろといっても無理です。だからほんとうは釣り人にも言いたいのだけれど、けっきょくモラルで言うしかなくなっちゃう。しかしモラルを力説しても効果はない。迫力がないんですね。

魚の価値は時代によって移っていく

中沢　北海道はサケの増殖が盛んで、川へ戻ってきたサケは下流で獲られ、フ化場へ運ばれる。工場生産みたいなもので、川全体の生産力は必要とされていない。水が利用されているだけです。そしてサケを重視するあまり他の魚は「害魚」とされています。サケの捕獲場では他の魚の遡上も止められてしまう。釣り人には重要なニジマス、イワナ、アメマス、イトウなどが駆除されようとしている。それ以上に重要なことは、川自体に目がいかなくなって、川が川でなくなることだと思うのですが?

水口　価値観の問題でしょうね。もう少し大きくみると、資源の配分の問題でしょう。サケほど複雑に配分問題が争われている魚はない。日本のサケはシロザケをさすわけですが、もともと北海道の川で自然産卵したシロザケがいたとすると、フ化して北太平洋へいきます。北太平洋へいった時点で日本、アメリカ、カナダ、ソ連の四カ国で配分の問題がでる。最近は「沖獲り」をやめようという流れになってきています。最近サケの回帰率がよくなってるでしょ。これはフ化放流技術がよくなっただけの理由でなくて、沖で大量に獲っていた大手水産会社の獲る量が減ったからで、沿岸の豊漁は当然の結果なんです。

日本沿岸に戻ってくるサケは北海道から本州へまわるのですが、北海道と本州の配分問題もあります。本州ではさらに太平洋岸で岩手県と宮城県の配分がある。それぞれ回遊コースの上方で獲ればより獲れる。北海道沿岸で獲れるメヂカ（編注：銀色のサケで、食べてうまく、商品価値が高い。目と目の間がせまいのでメヂカという）は恐らく本州へ回遊してくるべきサケなんですが、途中で岸寄りに動いたときに獲られているんです。

そんな具合に、より先で獲っていく配分の問題がサケにはつきまとっている。だからいままで法に縛られていた釣り人たちが、サケは豊漁続きなんだから、オレたちにも釣らせろ！ということにもなる。

もう一つの問題は、川や海を利用するとき、とくに内水面では、何を利用するか？　どういうものに価値をおくか？　それによっていろいろな種類の魚に対する接し方がちがってくる。いい例がワカサギです。

アメリカではエサになる魚として扱われていて、人は食べない。ところが日本では大切な魚で、輸入してるくらいです。しかし一方、十和田湖や猪苗代湖では湖の富栄養化がすすんでワカサギが増え、同じプランクトンを食べているヒメマスに影響がでているんです。そうなるとヒメマスに価値をおいているところではワカサギが「害魚」になる。青森県では新聞紙面でワカサギがやっつけられてる。また一方中部地方では、ブラックバスがワカサギを食べるから、ブラックバスが「害魚」になる。それぞれの場合を釣り人からみると、また話がちがってくるわけで、魚に対する価値観だけの問題なんです。

だから北海道の川でサケやサクラマスに価値がおかれれば、その他の魚は「害魚」になるわけです。しかし、そういう特定の魚に価値をおく考え方はもともと日本にはなかった。ワカサギでもタナゴでも等しく価値を認めてた。それが日本の魚に対する価値観だった。つまり、釣り人と漁業者のぶつかり合いも、価値観のぶつかり合いでしかないわけです。

むずかしい問題が起こると、どこかに敵をつくってそのせいにする

中沢　北海道のサケ増殖事業と「害魚」の関係にみられるような川利用は、生態系という観点からすると、どう考えられますか。

水口　ある魚を重視するあまり、他の魚や生物を殺してしまうことになると、そこで生態系という考え方が重要になってきます。全体としてある部分をへこますと、それによって他の部分はどうなるか？　魚相や生物相を単純にしてしまうと、めざすものも減ってしまうことだってあるわけです。

私が海や川を活かすというとき、少し乱暴にいえば、「自然保護」という考え方は入ってないんです。自然環境をある程度維持することでそこから何かを得る、それが海や川を活かすことになると考えるからです。その関係をうまく保っていけば、結果的に自然保護になるはずです。しかし、いわゆるすべてをそのままにする自然保護となると、それを活かして利用することはむずかしい。そのあたりのことは一般的にゴチャゴチャに論議されているように思います。

一方、そのことは別に、生態系という考え方は重要です。アメリカではベニザケを増やそうとするとき湖で他の魚を全部薬で殺したりもしますが、ブラックバスでは利用の歴史が長いですから、人工的に釣り場をつくるときは、日本のウナギ養殖池のようにまず池づくりをし、池に肥料をやってプランクトンをつくる。そこへブルーギルのエサになる小魚を入れ、次にブルーギルを入れる。そして最後にブルーギルを食べるブラックバスを入れるわけです。ブラックバス増殖にあたり、魚種を単純化させようとするのではなく、自然状態に近い複雑な組み合わせを考えている点が重要です。

単純化するなら養殖すればいい。なお単純化するならエサも与えず、魚を入れたらすぐ釣ればいい。でもそうなると釣りではなくて「回収」でしょ。さらにいけば肉のかたまりを買ってくればいいわけで、釣りにいかなくてもいいことになる。

その昔、私も卒業論文でサケの稚魚が他の魚に食われないための研究として、サケの稚魚に学習させることをやったんです。何割かの稚魚に他魚に食われないための学習をさせて、その稚魚をリーダーとすることを考えたわけです。金魚を使って基礎実験しました。カジカそっくりのモデルをつくり、それに電線を巻きつけ、サケの稚魚がそのそばにいくとピリッとくる。そんな訓練をさせたわけです。でも考えてみれば実際に本物のニジマスでも放した方が訓練になるわけですよね。さらに考えれば、自然の中で訓練した方がいい。それに自然状態で生きている稚魚がいれば、なにも人工的訓練したリーダーを混ぜなくてもいいわけで…。思えばバカらしい実験なんです。

つまり、人工的にすすめることの目標は、最後には自然の状態にいきつくということです。そうなると、人が自然をつくることはできませんから、サケの稚魚を補食するもの（害魚）を駆除した方がはやい、となってしまう。しかし、ほんとうに捕食者がどんどん稚魚を食うとしたら、その昔サケがいっぱいいたことの説明ができない。昔から捕食者はいたわけですから。どこかで話がおかしくなったから、捕食者が問題にされるわけです。

人間社会でも、何かむずかしい問題が起こると、どこかに敵をつくってそのせいにする。よくあることです。サケにとって昔から敵はいたんです。しかし、サケは種族を維持してきた。そこを土台にして川の中のさまざまな生物の組み合わせを考えるのが、生態系を—、という考え方なんです。

北海道の害魚問題も、サケか！　アメマスか！　という対立で考えないで、生態系からみれば本来その川にいる生物は漁業者にとっても釣り人にとっても必要なんだ、という観点が必要なんです。で、釣り人は同時に自分たちにとってこういう魚に価値がある、と主張すべきです。それをただ「生態系を守れ！」とカラ念仏のようにいったのでは通じない。

中沢　最近釣り人の自主放流が盛んになってきているんですが、よく論議されるのがイワナの純系の問題とか、ヤマメも他の水系のものは入れるべきでない、とかです。とくに専門家はそれを強調しているように思えます。

水口　本来、生態系が乱れると言うときは、川にダムができたとか、もっと大きいレベルでそこに棲む魚が変わっていくとか、環境全体が大きく変わっていく場合です。アマゴがヤマメになったとか、他水系のヤマメが入ったくらいでは、生態系が乱れたというほどではないと考えます。その川にはこういう魚が純粋なんだというイメージがちがってくる、その程度の意味でしかない。

アマゴがヤマメになったり、その逆になれば、自然分布の点ではマイナスになります。しかし、きちんと記録をしておけばたいした問題ではない。というのも、われわれは知らないだけで、今の日本の淡水魚の分布なんて、いろいろ手を入れた結果なんです。それを知らないで、今の状態が絶対純粋みたいに思ってるでしょ。そのあたりはキチンとしないと。

たとえば滋賀県の琵琶湖、秋田県の八郎潟など、水産的にみて大きくて重要な水域にはすでに何種類もの外来魚が移殖されています。その結果、その魚は残ったり、消えたりしています。ホワイトフィッシュというサケ科の魚がいるんですが、それも何種類も入ってる。秋田県で四年ほど前に自然繁殖が確認されてます。このホワイトフィッシュだって外来種ですから、生態系で厳密に考えれば問題になるはずです。しかし誰も問題にしない。むしろ水産的にうまくいったことになるわけです。勝手なもんです。

生態系という言葉は、「手をつけない自然保護」と結びつけられやすい。しかし、日本列島では自然にまったく手をつけないというかかわり方は、ほとんどなかったと私は考えてるんです。たいていの自然には手が入っているんだから、その手の入れ方が問題で、そこから自然をどう活かすかが問題なんだと思います。川にしても活かすことを考えないと、放っておくと川そのものがダメになることもあるわけです。

「獲れない網」が支持されるには訳がある

中沢　将来を考えるとき、いつまでも釣りを楽しむには、釣り人はまずどういう立場で釣りと釣り場を考えるべきだと思われますか?

水口　人は時代と共に変わっていきますから、いい釣り場とか自然の概念も変わっていきます。好みの問題なんです。

たとえば食べものとしてのマグロがいい例です。日本では江戸時代からマグロを食べていた。マグロも沖で獲らなければ岸で獲れるわけですから。定置網で獲ってました。そのころトロは貧乏人の食べもので、赤身は金持ちの食べものだった。仏教思想からケモノの肉は食べないということと絡んでいるわけです。ところがいつのまにかトロが金持ちの食べものになって、価値が逆転した。これは畜肉を食べる西欧文明の影響で、トロはビフテキに近いわけです。でも、その変化の良し悪しを論じてもしょうがない。

フライフィッシングも西欧的なものですけれど、これは独特な感じがします。ある意味で日本の伝統的な釣りと同じように自然と接していて、性格が似ていて、やせがまんの釣りで、自然という対象に従う釣りのように思えます。だからフライフィッシングを好む人には、今は悩み多き時代なんでしょうね。イギリスでは古くから『釣り人のための植物学』なんて本があるくらいですが、まさに生態系全体をみようとする発想です。魚を釣るのに魚が食べる虫を知ろうとする。そしてその虫はどういう植物に付いて、植物はいつ増えるか、といった具合ですべて絡めて考えようというわけですから。

実は日本の沿岸漁業でも本来は同じで、三年ほど前、房総半島でカツオがよく獲れたんですが、そのときビックリしたことがあるんです。亡くなられた宇田道隆さんの『海と漁の話』という本をたまたま読んだら「カツオの獲れる年には、よくグミが成る」と書いてあった。実際その年はグミがよく成ってたんです。偶然なのかもしれませんが、漁師はその類の話をいっぱいもってる。陸上の植物の変化を魚の成長や回遊や死と対応させて見ている。生態系全体をとらえながら漁をしているわけです。そういう知恵が釣り人に伝わらないまま、内水面漁業が衰えていってしまったんです。今でも百年や二百年も前と同じ方法で漁を続けているところもありますが、全体からすると、そういう漁は次々につぶされていってます。たいていの場合、外からのさまざまな圧力が原因になっています。

庄内のクロダイ釣りは、何百年も延べ竿で続いてきたわけでしょ。それが釣り道具などがすすんで、様子が変わってきた。釣りでも漁でも、昔から続いてきた方法で今つぶされようとしている方法は、悪いものでも困る方法でもない、と言っておく必要があると思います。むしろ今広まりつつある方法を疑っておかないといけない。それをただ復古調に、昔はよかった、というのでは説得力はないですがね。

釣り道具、漁具を選ぶ話でいい例があります。私は「やさしい漁」という言葉を使うんですが、イセエビを獲るのに今でも木綿網を使っているところがあるんです。木綿網は腐りやすいし、不合理のようにいわれます。実際ナイロン網の方がよく獲れる。それでも現実として木綿網を使っているところがある。今ではナイロン網より木綿網の方が高価です。メーカーへ特注で十年分をまとめないとつくってくれない。でも木綿網を選んでる。

何も主義とかでなく、その方がいいと思ってるからです。何年か前に千葉県の太海《ふとみ》でも木綿網の在庫がなくなって、ナイロン網に換えることも考えて他の漁村のことを調べた。そうしたらやっぱり自分たちの方法が資源を長もちさせるには有効だと結論がでた。そしてまた木綿網を十年分特注した。

なぜかというと、ナイロン網の方がイセエビがよくかかるのは事実ですが、マイナスもあるんです。ナイロンは反応もいいし、伸縮性もある。しかし海草などのゴミもよくかかる。漁師のあいだで「イセエビの刺し網は独り者はできない」とよくいわれています。朝あげて夕方また仕かけるんですが、その間に家族全員でイセエビやゴミをはずすわけです。それがたいへんで、その点木綿網は楽なんです。イセエビのかかりは少し悪いかもしれないが、ゴミもかかりにくい。

それに、イセエビがかかりやすいということは、網がよく締まるわけで、かかったエビが動くほど締めつける。つまり網をあげないうちにイセエビの元気がなくなっちゃう。ところが、木綿網で獲ったものは活きがいい。そのぶん商品価値も高いわけです。イセエビを長く安定して獲り続ける意味でも木綿網は有効です。一時的に獲れすぎると、かならずツケがまわってくる。

もう一つ重要なことは、ナイロンが腐らないというマイナス点です。腐らないというのは困るんです。なぜかというと、エビのかかった網が岩などにひっかかって破れたとします。残されたエビはいつまでも暴れて、漁場が場荒れする。網だけ残った場合でも、それに別のエビがかかる可能性が高い。これは釣り用のナイロン糸でも同じです。

これに対して木綿網は最後には腐るから問題が少ない。また、イセエビが獲れるような漁場では、海女《あま》さんが海へ潜るケースも多いわけで、彼女たちの命がかかってくる。海女さんたちは釣り人が残したナイロン糸も含めて、海を掃除してるんです。海を汚すな！　なんてレベルじゃなくて、生命が危ないからなんです。

木綿網漁は「やさしい漁」とはいえ、経済的にダメならそんなものは勧めません。しかし今の社会でじゅうぶん成り立っているんです。少々高くてもイセエビは売れている。木綿網を使っている人たちは、何かの運動のためにそうしているのではなくて、自分たちで考えて、実感してそうしてる。そのことをよく見て、大切にした方がいいと思うんです。釣りでもきっと同じでしょう。大きな時間の幅をとって考えても、実はそっちの方が経済的にも優れているということです。

中沢　釣り人がどんどん増えている現在、海でも川でも漁業権をめぐる制度が今後問題になってくると思うんですが、その点をどう考えられていますか。

水口　釣りと漁業、遊びと職業という関係を日本とアメリカで比べてみるとわかるんですが、日本では遊びとしての釣りが認められてきたのはつい最近のことで、それもまだまだです。アメリカではその逆です。だから法体系もそれぞれそうなってくる。日本では生産とつながって海や河川湖沼とかかわっている漁業者を守るために法律があるわけです。

最近は遊びとしての釣りにも権利があるんだという動きがでてきている。しかし、それには状況に応じた新しい法律をつくるなり、生産者用の法律を変えるなりしないと、いくらやっても水かけ論に終わってしまうでしょう。

基本は、漁業者も釣り人も自分たちの仕事や要望をキチンと主張したうえで、地域ごとにその地域の都合や漁業状況に応じた魚や水へのかかわり方を考えることです。そしてお互いどうしたら共通の土俵に立てるかをまずさぐり、その土俵のうえでものごとをきめていくしかないと思います。

日本の内水面の釣りはパチンコ化している　―ワカサギから湖の釣りを考える

ききて　中沢孝（『フライの雑誌』編集部）

中沢　湖のフライフィッシングではワカサギを意識する場合が多いんです。春先、三月の解禁ぐらいだと水面では魚は見えないけれど、ストリーマー（小魚を模したフライ）を沈めて釣る場合がある。四～五月になるとワカサギも水面に見えるようになって、岸沿いをフラフラ泳いでいる。マスに追われて逃げるのが見えたりする。だからワカサギに似せたストリーマーを使う。とまあこんな感覚でワカサギをとらえているわけです。

水口　釣り人が見るワカサギと、マスが見るワカサギと、だいぶ違うと思います。人間は岸や水面からしか彼らを見ていませんから。魚はその時の生理状態で、湖の中で水平的、垂直的に居場所を変えています。そういう移動をワカサギとマスの両方が行っているわけだから、両方が出会う時しか本来は釣りには参考にならない。だから釣り人が岸でワカサギが見えるからといって、それをマスが食べているかどうかは別問題です。逆に、その場でワカサギを食べていないマスの目の前に、ポンとワカサギを入れたら喰うかといったら、これはむずかしい問題です。

ブラックバスでよく言われるのは、ワカサギを喰う、コアユを喰うということなんですが、実際に調べてみるとその年、その年でいちばん多くいる魚を喰っているんです。モツゴが多い年はモツゴ、エビが多い年はエビというように。人間と違って、これがおいしいからこればっかり喰うというわけではない。これは海の魚にしても基本的に同じです。鳥とか虫などにくらべると、魚は餌の選び方にフレキシビリティがあるというか、許容度が大きいわけです。そうなると、その年に喰いなれている餌の中に一匹ポンと違うものを入れたら、それを喰う理由というのはないわけですよ。もっとも、取りやすさが同じである何種類かの餌があれば、好きなものから喰います。

釣り人とか魚にかかわっている人たちは、魚はこれが好きで、これしか喰わないだろうとやっているけれども、実際はそうではないですね。だからマスを釣る時もワカサギだけにこだわらないで、その時にいちばん補食されやすい餌にフライをあわせた方がいいわけですね。だから、ワカサギを喰っているマスを、ワカサギに似せたストリーマーで釣るということであれば、徹底的にワカサギの立場に立って、マスに狙われやすい時間と場所で釣るしかないでしょう。

中沢　中禅寺湖の場合、ウグイ、ヨシノボリ、ワカサギなどがいるわけですけれど、例えばヨシノボリはある時季に岸近くにいっぱいいるんです。そうすると、これはマスの餌になっているのではないかと思うのですが。

水口　いちばん目につく時に、いちばん補食されているかといえばむしろその逆だと思う。喰う側、喰われる側を歴史的に見ると、ヨシノボリは喰われないからのうのうとそこにいるんであって。単純に目につくから喰われているかというとそうではないですね。

魚は、マスでもウグイでも親は子供を喰うんです。そうなると子供は親に喰われないように逃げる。ウグイでも、一つの渕でいちばん深いところに三十センチぐらいのがひそんでいて、ごく浅いところには小さいのがウロウロしている。大きい魚は自分を狙う者、つまり人間から逃げていて、小さい魚は親から逃げている。

漁業とか釣りは一種の選択行為ですから、常に釣られやすい魚から順番に釣っているわけです。それでも必ず、釣りにくいツワモノが残るはずなんだけど、ところが今は人の手で、毎回釣られやすい魚を放流して、全部釣りとって川をもとにもどして、また放流してということをやっている。

アメリカでは、ネイティブのブラウンとニジマス、どちらが釣りやすいかという議論があります。人の入ってこない自然の中にいるマスが警戒心が強いという説と、そういうところにいるマスは簡単に釣れるという説の両方がでてくる。その魚がその大陸に入って人とどれだけ接してきたか、捕食者とどれだけ接してきたかを考えるべきですね。何万年、何十万年という歴史の中で、喰う喰われるという関係の中で生き残って生活している。ここ数千年は人にいかに喰われないかという努力を魚はしているわけです。

湖の魚にしてもやはりそうした歴史を持っています。彼らは歴史に制約された行動をする。ワカサギも歴史を持っていて、しかも同じワカサギでも異なった歴史を持っているいくつかの群が存在します。例えば霞ヶ浦では大型群と小型群と二つの群がいる。泳ぐ層も産卵場も違う。夏が暑い年は小型群の成長がよい。というのは大型群は本来、水温が高い時季は海に下るタイプで、小型群は一年中湖で暮らせるタイプだからです。

二つのタイプの霞ヶ浦のワカサギが諏訪湖に移殖され、諏訪湖から全国に移殖されたんですけれど、どっちのタイプかなどと分けていないからもうゴチャゴチャです。だから〝あなたの見ているワカサギはどっちのタイプですか〟と聞かないと、一般的にはどうとかは言えませんね。

これはニジマスなどにしてもそうです。日本では、ニジマスは一種類ということになっているけれど、アメリカでは何種類かに分けられています。そういう何種類かのニジマスがアメリカから入ってきているわけですから、ニジマスにしても一般論はしにくくなっています。つまり、移動のしかた生活のしかたが違ういくつかのものがいりみだれているのが、いまの日本の自然ということになります。

湖によって歴史が違うのだから、人間による移殖がなければ、場所によって魚の性格が違ってきて当然なわけです。ところが今はメチャクチャに放流しているから、一つの川に起源の違うアユやオイカワがいりみだれている。30年くらい前だったら、この川のアユはこう釣ればいい、という言い方ができたと思います。さびしい話ですが、今は、その魚がどういう環境で養殖されたか調べてみるとよく釣れる。

中沢　放流されてすぐのニジマスにペレットのようなフライをポンとやったら、メチャクチャ釣れます。

水口　すりこまれているんですね。もっともそういう育て方をされたらペレットを食べなければ生きていけないわけですから。いくら先祖はこんなもの喰わないって言ってもね。

関西ではコイの釣り堀が多いんですが、そこの名人に聞くと、最後は釣り堀の管理人の性格を見て釣るという。どう放流するとか、客層を見て放流の仕方を変えるとか…ほとんどパチンコの世界です。そうなるともう一般的なコイの行動とは、なんて言ってられない。もっと効く要素がいっぱいある。パチンコでもクギの位置がどうの、玉が入る角度がどうのってやってもダメでしょう。店の経営方針を考えた方が効く。だからワカサギの性格がこうでマスの性格がこうでなんてやるのは、一種クギと玉を論ずるようなものでね。しかし逆に言うと、あまりむずかしいことを考えないで、一対一のその場の状況に即して釣れば、それはよく釣れることになる。

ニジマスがマグロの切り身で釣れるとか、ウグイが魚肉ソーセージで釣れるとか、なぜ釣れるかわかりませんよね。だから自分が経験した釣れた出会いというものを一つ一つ吟味しながらやっていけばそのほうが釣れる。ただしこれは状況追随型なんですね。

それに対して自分のフライフィッシングのイメージはこうだ、と決めている人もいますね。たとえばワカサギのストリーマーで、ワカサギを喰っているマスを釣りたいというのであれば、それが可能な時間と場所を探さねばならないでしょう。けれどもそういう釣りは、現在なかなかむずかしいでしょうね。ワカサギもマスも系統がわからない。今はだから、本当の楽しい釣りはすごくお金と時間がかかると思います。本当の自然が残っていて、そこに魚が繁殖していなければならないわけですから。しかし、それが釣りの醍醐味だとは思うんですけどね。

中沢　スーパーで売っている「天然仕立ての養殖アユ」というのがありますね。運動させて体型や体色を天然のものに近くする。この先、マスなども「うちのニジマスは虫で育てているピンシャンものです」という養殖屋さんがでてきてもおかしくない。

水口　ニワトリがそうですね。「地飼い」とか。いきつく先はニジマスもブラウンも、天然に近いのを売りものにしたブランドものがでてくるでしょう。今のところ、日本の内水面の釣り、特にマス釣りの、魚の質に対する関心、工夫、努力は圧倒的に欧米に遅れています。

中沢　湖にはウグイ、ヨシノボリ、オイカワ、ワカサギなどの小魚がいるわけですが、その中でワカサギの特徴的だという点はありますか。

水口　湖沼の小魚の中では、ワカサギは湖沼のいちばん中央の表層に、群をつくって遊泳する性格がある。他の小魚は本来、河川に棲む魚ですから、比較的岸寄りにいるわけです。オイカワやウグイも群れますけど、ワカサギやヒメマスのようにプランクトンの群を群で補食するようなタイプにくらべれば、やはりそう群れない。

マスは本来、冷水性の魚です。そういう湖や川では餌となる生物が豊富にあるわけではない。ブラウンにしてもニジマスにしても、プランクトンを喰う小魚とか、あるいは虫とか、食物連鎖でいうと〈間〉のものを喰わないと生きていけない。ワカサギはもともとマスが棲むような冷水性の湖にいなかった。最近湖が富栄養化してきて、プランクトンが増えてくれば、それを食べるワカサギは増えます。

しかし、そのワカサギにしても、人間が産卵を保護してやるとか放流してやるとかしないと資源を維持できるところはほとんどありません。もし自然繁殖できるところであれば、ちょっと入っただけでワッと増えます。オイカワなんかがそうです。十匹ぐらい入るとその川でいちばん多い魚になってしまう。それは、今の川の状態がオイカワに非常に適しているからなんです。アユは完全にだめだから人工的に放流している。ワカサギもそうなりつつある。そういう、ほっといたら自然繁殖しないような状況で、ワカサギも放流している、マスも放流していると。そうなると両者の関係なんて、人間のやっていることの反映でしかないわけです。

第二章　魔魚狩り

釣りは好みと遊びの世界である。
理屈や研究が巾をきかす世界ではない

ニジマスの放流について意見を聞かれると、在来の魚に影響なければ賛成という回答が多いということを本誌の調査（編注：『フライの雑誌』第18号で実施）は示している。

何となくわかるような意見なのだが実はこれが確定的な判断を求めることが難しい水かけ論争に終わりがちな内容を含んでいる。すなわち、在来の魚とは何か、ある魚種が他の魚種に影響を与えるとはどういうことか、実際に大きな影響を与えるのか、といったことについて多数の人が納得する定義や多数の具体例による証明を、私たちがまだ共有していないからである。

ブラウントラウト放流の是非論やいわゆるブラックバス害魚論なども同様の問題をかかえている。これらの問題について、人と魚と水の関係を考えると同時に「求める自然が人によって異なり、と同時に人によって求め得る自然も異なっている」という見方（十五年ほど前に雑誌『アニマ』の時評「外来動物と純血主義」の中で示した）に従って、やや小難しくせまってみる。

ニジマスの釣りの対象としての好き嫌いの理由としてはいろいろある。

◎アメリカからの移殖魚であり、どこにでもやたらに放流し、コカコーラの日本侵略と似ていて気にいらない。アンデスのチチカカ湖にアメリカ人がニジマスを放流するなどはその典型で好かない。放流するのならホワイトフィッシュ（コレゴナス）のほうが似合う、と昔釣り雑誌に書いて、雑誌『淡水魚』誌上でいいがかり的な批判を受けたことがあるが、単なる好みに過ぎないもの。富士山には月見草が似合う的なもの。

◎釣りの対象として放流するのは良いとしても、解禁後間もなく釣れなくなり長く楽しめないし、地着きというか、野生化したものを釣る機会が少ない。

◎大きいものも釣れて面白いが、簡単に釣れてしまうのはどうも頂けない。

◎種苗生産技術が早くから確立しており、求めに応じた放流が容易であると共に、釣りの初心者でも釣りを楽しむことのできる釣り場づくりが可能である。

要約すれば、釣れる外来魚であるが故に、好まれたり嫌われたりするということになる。そして、それは釣るのが難しい在来魚を好んだり嫌ったりすることの裏返しともいえる。さらに、そのことは、求める自然、求め得る自然というよりはむしろ望んでいる釣り、可能な釣りが人それぞれ異なるということと密接に関係しているということをしめしている。ある意味ではそれは釣り人の年代論、経験論になってしまう。

すなわち、在来魚としてのイワナやヤマメがある程度容易に釣り得た時代に釣りを楽しむことのできた年代の人々や、釣行を重ねてゆくうちに幸いにもイワナや天然のヤマメに出会う経験をもち得た人々と、イワナや天然のヤマメは高嶺の花で、放流されたヤマメやニジマスを対象にしてしか渓流釣りなるものを始められなかった人々との間の感じ方、考え方の違いということかもしれない。

渓流魚といわれるものの生い立ちというか素性を整理すると、二つの分類の組み合わせによる四つのグループに大別できる。

日本列島に昔から生息していた在来魚といわれるイワナ、ヤマメと、欧米原産のブラウントラウト、レインボウトラウト（ニジマス）そしてブルックトラウト（カワマス）などの外来魚という第一の分け方と、それらが、その生息域で代々繁殖を繰り返している天然魚か人工ふ化等により養成された放流魚かという第二の分け方との組み合わせである。

第一、第二の分け方のどちらを重要視するか、どちらによりこだわるかでカンカンガクガクの議論をする人と、どちらも気にしないで、大きいのが沢山釣れればよいという人では差が大きい。そのようなことを考えるときに、アメリカ大陸における外来魚としてのブラウントラウトの扱われ方を見てみると面白い。
たとえば、カナダの水系では長年の間ブラウンはゲームフィッシュとしてあまり評価されなかった。それは、釣り人の多くがブラウンは釣るのが困難だという理由で移殖や放流に反対しているということによく表れている。筆者は、この釣るのが難しいということについて二十年前に雑誌『フィッシング』誌上で次のようなことを紹介している。

このニジマスの鉤がかりのよさと関連してアメリカやカナダでは面白いことがいわれている。ブラウントラウトは、カワマスやニジマスにくらべて釣られることが非常に少ないが、これは、そこの川のマスの各種類ごとの数に比例しているわけではなく、ブラウンだけが釣りにくいのだという多くの調査報告があり、たとえばクーパー（一九五二）は、カワマスはブラウンの七・五倍だけ釣りやすいと報告している。このことから、ブラウントラウトが釣りにくいのは、より〈賢い〉からだと考えられ、逆にカワマスやニジマスは〈賢くない〉ため、よく釣りとられると――。また、この三種について、学習や識別の実験を行った場合も、ブラウントラウトはより速く学んだという。さて、この〈賢さ〉における差は、何によってもたらされたのであろうか。それはブラウントラウトがアメリカに渡ってくる以前のヨーロッパ時代も含めて、数千年にわたって釣り人に接してきたことと大いに関連のあることだろう。これに対して、新大陸原産のニジマスとカワマスは、釣り人の鉤を知るようになってから、わずか二百年くらいで、この差であるというのが、ブラウントラウトの賢さ、ニジマスの賢くなさに対する説明の一つになる。釣り人と魚との〈勝負〉といった形容も当てはまるような日本のイワナ・ヤマメ釣り。この二つの魚にも、ブラウントラウトについてと同じことがいえるのではないだろうか。さらにまた、日本のニジマスの場合、養魚場で毎日餌をもらって大きくなり、そのままポンと川に放されてしまうわけで、勝負も何もあったものではなく、何もわからずに釣りとられてしまうという面も多い。以上、ニジマス釣りは面白くないという人にも一利があることの裏付けである。しかし、ニジマス釣りはつまらないというのは、ある意味ではぜいたくなことかもしれない。なぜなら、釣り堀のような川でも、マスを釣ったそのことで一日を楽しく過ごせたと思う人が増えているからである。

長々と二〇年前の文章を引用したが最後の日本における情況は殆ど変わっていない。変わっていることといえば、釣り人との接触の歴史に関してアメリカの先住民であるインディアンや、日本の東北、北海道の先住民であるアイヌの人々がこれらの魚にどのように接したか、ここ千年程、山で生活する人々がイワナやヤマメをどのようにして利用したかということにも注

目して考えないと本当のことはわからないと、筆者が気づくようになったことぐらいである。

また、肝腎のカナダの事情も、一九六〇年頃からブラウンが釣り人と研究者の両方から高く評価されるようになるといった変化を示す。それは大型のブルックより漁獲圧に強い、すなわちなかなか釣れないので、釣られないで残っている大型のブラウンも楽しむことができるということと、ブラウンがブルックには適さない川の下流域でも生息できることが人気の原因のようである。

なお、以前に強かったブラウンが野生のブルックをしめだしてしまうという主張は弱くなったようである。これはある魚種が他の魚種をやっつけてしまうとか、駆逐してしまうということとも関連しており、人間の戦争のようなことを魚はやっていないという筆者の見方とも合致し、好ましい。これについてのミネソタ州の渓流における、三種のマスの増減に関する十五年間にわたる調査を行ったウォーターズ（一九八三）の報告は非常に面白い。

最後に筆者の考えをまとめてみる。
一、多様な釣りを楽しめる釣り場を確保することをまず大切に考える。それゆえ、川はどこでもアユ、池や湖はどこでもヘラかバス、渓流はニジマスといった画一化を拒否する。
二、在来純潔主義や自然繁殖至上主義はとらない。しかし、そのような釣りをしたい人々が満足できる釣り場も何%かは確保しておく。

三、若い人々の望む釣り、例えばルアーフィッシングの釣り場を充分に確保し、自分達で釣り場づくりをしてゆくような情報と人のつながりのネットワークをつくる。釣り具業界に動かされ消費させせられるのでないやり方で。

四、釣りというのは理屈や研究が巾をきかす世界ではなく、好みと遊びの世界である。それゆえ、人から与えられてやるものではなく、好みに従っていろいろなことを次々とやってみるのがよい。とはいっても社会も釣り場環境もいろいろ制約する。それはその都度考えてしのいでゆけばよい。

本多勝一氏への質問状　―外来魚は日本の川や湖を侵略するか

ブラックバスが生態系を変えるのではなく、
人間が生態系を変えたからブラックバスが繁殖しているだけだ

前号の本欄で、ブラウントラウト放流の是非論やいわゆるブラックバス害魚論などの問題を頭においてニジマスの放流についての私見を述べた。ちょうどその頃、朝日新聞をやめられたばかりの本多勝一氏が意外にも『朝日ジャーナル』の「貧困なる精神」欄で1991年十二月十三日号から四回にわたって、ブラックバス、ブラウントラウト、ブルーギルの放流、そして日本列島におけるこれら三種の繁殖状況について激烈なる弾劾というか糾弾を行っている。

それらを読んで、右の私見が、本多氏の念頭にはないのだろうが、結果としては批判されていると考えたのでここに対応する。なお、それらの文章で批判されているのは、具体的に名指しされているだけでも、野蛮・無法な、品性下劣な一部の釣り人ども、開高健、ルアーやフライで釣る人々（「すべて」とは言わぬ）、奈良県北山川のダム湖の村長、自分の趣味としての釣りだけ、それだけにしか思いをめぐらさぬ釣り人、経済的対象とだけしか考えぬ住民（具体的には河口湖漁協の渡辺組合長と本誌のインタビュアー）、侵略魚を放流したがるフライ釣り愛好者の中に多い「トラ」のまねをする植民地型家畜人ども、などである。

ここで批判されている人々が全く問題がないと言うつもりはない。しかし、本多氏の言うほどに悪どいことはしていないという考えから本文は書かれている。ただその際にややこしいのは、右に列記した批判されるべき人々と同罪というか、その悪さを証明するために比喩として批判されている以下に列記する人々に対しては、筆者も本多氏と同様にまたは相手によっては本多氏以上に批判し、場合によっては怒りをもって対しているということである。コロンブス、ヨーロッパから何万、何十万と渡ってくる「白い悪魔」「大野蛮人」、大江健三郎、マゼラン、小田急電鉄、世界でも最も程度の低い方に属する日本の政治家、業界との癒着や天下りにしか心動かさぬ役人、その言いなりになっている学者・研究者、釣り産業（釣り具製造業・一部の釣り雑誌）、土建資本、日本人、天皇、水産庁などがそれである。

なお、最後の水産庁は、淡水魚を経済的対象として見ることを本分としている役所なので、淡水魚類相をそのような視点のみで見ることを批判している本多氏がこれを相手にするのは、木によって魚を求むるようなもので、さしあたっては環境庁や文化庁に対して外来魚の在来魚に対する影響についてはもの申したほうがよいように思う。

水産庁はほとんど何もやっていない内水面漁業行政の中でちょこっとブラックバス対策はやっているが、河口湖漁協におけるブラックバスの漁業権魚種化を追認することに見られるように、内水面利用の遊漁者中心の運営に及び腰ながら追随しているというか、そうせざるを得ない状態にある。その批判も大切だが、水産庁批判をやるのだったら、北洋におけるサケマス乱獲という水産庁黙認の密漁から、阿部文男元北海道・沖縄開発庁長官起訴までの大手資本と政治家・役人の癒着の実態の解明というか暴露を是非やってみたいものである。

このことに関しては、筆者も一言論人としていささかの試みも行ったが、本多氏の昔のスクープには及ばなかった。大マスコミのやれることとやるべきことというのがあるのかもしれない。以上の他に、トラ、ライオン、カムルチーがどうしようもない悪ものとして扱われているが、生態学的位置というか食性をとやかく言われても、何を今さらとこれらの動物もとまどうだろうし、言ってもせんないことである。

問題なのは、よく言われることだが、トラやライオンが本来の生活というか自然の在来の生活を続けているにもかかわらず悪ものにされてしまうような情況をつくり出した人間の存在である。それは、インドで何千年と同じ生活をしているトラと、森林伐採と開発等によりいやでも人間と接せざるを得なくなったトラと、房総半島でオリで飼われていたのが逃げ出したトラとの違いに注目することでもある。

一番目のトラはそのまま「保護すべき」であり、二番目のトラは、悪いのは人間だからトラがこれまで通りの生活ができるよう人間の側が改めるべきである。三番目のトラは、あわれだが、オリにもどすことができなければ射殺も止むを得ないというのが、いわゆる一般世論というものではないだろうか。

日本におけるブラックバスやブラウントラウトは所詮房総半島のトラのようなもので、そんなに大騒ぎするほどのものではないのではないかというのが筆者の考えである。

このような持論とも言えるものを、自然保護協会の河川問題特別委員会やその長良川に関する専門委員会で開陳するので、淡水の魚類相の現状やその変化にあまり詳しくない自然保護論者からは批判ととまどいをぶつけられる。その際に筆者が一番とまどうのは、ブラックバスを放すと生態系に悪影響を与えるという意見である。

長良川でも、後藤宮子さん正さんご夫婦の二五年間の調査の中で、ブラックバスがここ数年採集されている。この魚が何者かによって長良川水系に放流され、餌を食べ繁殖しているかもしれないことは確かな事実だろう。だからといって、長良川の水質、底質、植性、動物組成などの全体的関係である生態系が大きく変化したということを誰も明らかにしていない。

長良川河口堰がもしできれば、流れは止まり、琵琶湖の南湖沿岸のたまりや霞ヶ浦の土浦入や高浜入のような環境というか生態系が出現する可能性があり、結果として一時的にブラックバスが繁殖するかもしれない。しかし、ブラックバスが増えたからといって、長良川のアユやサツキマス、そしてカジカやアジメドジョウの繁殖状態に大きな影響を与えるとは考えられない。その理由としては、後に述べるように、ブラックバスが広い流域に大量に永続的に繁殖し続けることはないだろうということと、魚類組成に大きく影響するものとして、河口堰の建設がブラックバスの何十倍も大きなものとして存在するということがある。長良川の河口堰建設や、その結果として起こることが心配されている破堤による洪水などをこそ生態系の破壊というべきだろう。

ブラックバスの放流をも生態系の破壊だなどと言いつのっていると、釣り人がやっていることも、自分たちのやっていることも、第一次環境破壊か、第三次環境破壊のちがいはあるかもしれないが同じ生態系へのかかわり方ではないかと、水資源開発公団や建設省の役人を開きなおらせ、安心させることになってしまう。とんでもないことで、水資源開発公団や建設省の役人こそが、違法、無法、野蛮、品性下劣、鈍感といった言葉を進呈するのがふさわしい行動を長良川河口堰建設に関してこの間示している。

生態系うんぬんはこのくらいにして、ブラックバスやブラウントラウトが日本を侵略するかどうかということを次に考えてみる。このことはすでに拙著『反生態学』（どうぶつ社）の中で、侵略するのは人間だけで、動物にそれを使うときには使う人間の側に問題があることを指摘している。

その文脈の中で中国への日本侵略に言及し、本多氏のそれに較べれば微々たるものだが言論弾圧を受けていることをもふれている。日本の軍隊の中国侵略にたとえるのは問題があるかもしれないが、日本に移殖されたブラックバスやブラウントラウトも中国大陸における日本軍と同じく、その地で暮らす生きものによってつぶされるというか、多くの人民に基盤をもたない外来の権力は永続きし得ないのである。

事実、一時期霞ヶ浦で大繁殖したカムルチーが現在では一尾といえど採集するのが困難であるし、ブラックバスの繁殖が騒がれ釣り場としてにぎわった、お蛇ヶ池、牛久沼、霞ヶ浦、琵琶湖などでは、ブラックバスが減り始め、ブルーギルが多くなっている。なぜ大繁殖が永続きしないのかについてはいろいろ理由が考えられるがそれは次の機会に検討するとして、一つだけ琵琶湖について参考になることを紹介する。

琵琶湖は日本でも淡水魚類相の最も豊富な湖といえるが、過去百年ほどの間に、この湖ほど外来魚が移殖放流された淡水域は他にないのである。魚食性の魚も含めて数十種放流されたものはほとんど現在では姿を消してしまった。ただ近年になって、人間の手による大きな環境改変が、ブラックバスやブルーギルの生き残りを少し加速し引き伸ばしていると考えられる。

ブラックバスが生態系を変えるのではなく、人間が生態系を変えたからブラックバスが繁殖しているにすぎない。

本多氏は、ブラックバスやブルーギルの繁殖によって琵琶湖特産のハゼ類、タナゴ類、モロコ類、エビ類などが姿を消していった、絶滅したと理解できるような文章を書かれているが、どのような具体的事実をもとにそのように主張されるのだろうか。

本多氏の四回の連載記事が意図している真の目的、真の敵は何なのだろうか。

父親はラージマウス、息子はスモールマウス？

スモールマウスバス放流批判を呼びかける息子、多田実氏からのファクシミリ通信が来ていた

筆者は現在五五歳であるが、生まれた年に出版された、鈴木魚心著『新興の釣』（春陽堂書店）という小冊子の紹介からまず始めたい。

この著者は新興という言葉については、

『昔より現存する釣技が、最近新しく認められたもの、例へば、山間の人々や、一部登山家や、山のガイドのみに許された、山の渓流釣りが、現今では都会の釣人に新興的な釣りとして台頭するが如きである。即ち、吾国に移殖されて釣魚になった魚、昔よりあった魚を新しい技術を持って釣る。そして古来あった魚でも、新しい釣魚の対象として現れ出たもの、一切を、広く新興の釣りとして取り扱ふ事としたのである。』

として、その新興の釣りを、次の六つに分類している。

①渓流の釣り・餌釣り篇・擬餌釣り篇

②公魚釣り
③箱根蘆の湖のブラックバス釣り
④壮快なるカムルチー釣り
⑤興趣多いヘラ鮒釣り
⑥近代的なリール釣りの実際

なお、フライフィッシングは⑥の中のリールの使用目的と応用の(1)リール竿によるヤマメ、鱒、岩魚釣りの十ページ、ルアーフィッシングは(3)外国擬餌釣集の四ページ、投げ釣りは(4)サーフカアスティングの十ページ、(5)トローリングの四ページと続く。そして、(6)リール竿による鮎の友釣りで終わっている。

最後のリール竿による鮎の友釣りを除いて現在の釣りの大勢を占めているのが五五年前の新興の釣りであることがわかる。その中でも、現在若い人というか、中学生高校生に最も人気あるブラックバスのルアーフィッシングについての当時の見方は面白い。

『大正十一年赤星鉄馬氏がカリフォーニア州より持ち帰り、その後大正十三年と十四年の両年に帝大農学部の手に依り、稚魚として七八尾芦の湖に移殖放流された時に、釣人間や、一部の水産関係の間に、「稚魚を喰い荒す害魚である」「魚類の敵、ブラックバスの放流を中止せよ」などと喧々囂々として論争物凄く、その頃の釣魚雑誌には、センセエショナルな見出しで書き出されたものであった。それは余りにも耳新しい事故、読者諸氏も識ってをられる事と思ふ。然し、現今に至るも、その被害は、箱根蘆の湖に於てはないものの様である。魚の味覚と云ひ、釣興の趣ある點から、多少の犠牲を拂っても、優れたものを放流さす事は、決して反對すべき事でなく、むしろ吾々は歓迎すべき事だと思ふ。』

今年五月の雑誌『Views』における多田実氏の「『バス釣り礼賛』に重大疑義あり！」という八ページにわたるスモールマウスバスのいわゆるギャング放流批判を皮切りに、フジテレビの『ニュース・ジャパン』、NHKの『クローズアップ現代』、そしてTBSの『ニュースの森』、さらに朝日新聞等々とこのところさかんな〈ブラックバス批判〉に対して、それはそれとして今思うところを発言してみたらとバスフィッシングの関係者にコメントを求めたら、右の鈴木魚心の発言と似たものが得られるだろう。

これら一連の〈ブラックバス批判キャンペーン〉ともいえる動きについて考える前に、筆者がブラックバスについてこれまで発言して来たことを紹介しておくのが筋というものであろう。『フライの雑誌』第十八号でいわゆる外来魚の問題について考え、次のようにまとめている。

一、多様な釣りを楽しめる釣り場を確保することをまず大切に考える。それゆえ川はどこでもアユ、池や湖はどこでもヘラブナかバス、渓流はニジマスといった画一化を拒否する。

二、在来純潔主義や自然繁殖至上主義はとらない。しかし、そのような釣りをしたい人々が満足できる釣り場も何パーセントかは確保しておく。

三、若い人々の望む釣り、例えばルアーフィッシングの釣り場を充分に確保し、自分たちで釣り場づくりをしてゆくような情報と人のつながりのネットワークをつくる。釣り具業界に動かされ消費させられるのでないやり方で。

四、釣りというのは理屈や研究が幅をきかす世界ではなく、好みと遊びの世界である。それゆえ、人から与えられてやるのではなく、好みに従っていろいろなことを次々とやってみるのがよい。とはいっても社会も釣り場環境もいろいろ制約する。それはそのつど考えてしのいでゆけばよい。』（原題「ニジマスをめぐって」）

そしてその次の第十九号で、「本多勝一氏への質問状　―外来魚は日本の川や湖を侵略するか」を出し、その最後で、

「ブラックバスが生態系を変えるのではなく、人間が生態系を変えたからブラックバスが繁殖しているにすぎない。本多氏は、ブラックバスやブルーギルの繁殖によって琵琶湖特産のハゼ類、タナゴ類、モロコ類、エビ類などが姿を消していった、絶滅したと理解できるような文章を書かれているがどのような具体的事実をもとにそのように主張されるのだろうか。本多氏の四回の連載記事が意図している真の目的、真の敵は何なのだろうか。」

と問うたが、本多氏からは多忙で対応できないという手紙が一度来ただけで回答は現在まで無い。

もっとも筆者も、次のようなことを考えていて、本多氏と長良川河口堰建設反対の集会の楽屋で同席した折りに、もういいですよといった意味のことを言っているので、本誌の読者には申し訳ないが勝手に幕を引いた形になっている。

何となくそんな形になってしまったという理由は、

❶本多氏のジャパンバッシングならぬバスバッシングの文章が具体的に現場を歩き、多様な人々の考えを聞き、ブラックバスや琵琶湖の魚類についての調査を行った結果書かれたものではなく、ご子息の本多きよし氏（『フライの雑誌』にも多摩川のブラウントラウト放流批判の文章を何度か書いている）の考えや資料にもとづくものではないかとうかがわれたこと。

❷本多勝一氏は、マスコミ人として父子の関係にどう対応するかで知床における環境問題で批判されており、筆者自身の息子との関係も考えると何とも言えない複雑な思いとやり切れなさを感じる。

❸筆者が批判した以上に問題をもつ本多勝一氏の文章を徹底的に批判し本多勝一バッシングを行うことは、本多勝一氏の敵（建設省その他そのほとんどが筆者にとっても敵）を喜ばせるだけである。

ところで本多きよし君とは九年前にピースボートに同乗して以来の知り合いで、昨年十一月四日の長良川河口堰監視デイに河原の会場でスモールマウスバスなどについて三時間近く話し合ったりしている。その際に本多勝一氏への批判を再度詳しく話すと同時に、多田実というのが同君のペンネームであることを確認した。その後今年の五月初め、秋田県の水産関係者を訪ねた折たまたまスモールマウスバス放流批判を呼びかける多田実氏からのファクシミリ通信が来ており、その後のマスコミの反応は予想されたことである。

父親へのラージマウスバス（ブラックバス）をめぐっての批判のこともあり、息子に対してスモールマウスバスをめぐって今更批判するのもおかしなものである。

先に紹介した、『Views』の多田実氏の主張の要点は、

「当然のことながら、われわれはバスもバス釣りも、それ自体が悪いと考えているわけではない。バスが日本のほとんどの湖沼にいること、バス釣りが無秩序に日本で行われることに疑問を感じているだけなのだ。」

ということのようだ。その点については筆者も同感できる。ただ、それだけのことで、有名人（糸井重里、木村拓哉、西山徹）やバスフィッシング関係者を鬼の首をとったようにヤリ玉にあげる世間へのかかわり方に疑問を感じるだけである。たとえは適切ではないが、キセル乗車する人々を非難するのに、電車や、電車を利用する人々を懸命に批判しているよう

なものではないかと思ってしまう。

冒頭に紹介した『新興の釣』の世界から六、七十年経過しているにもかかわらず、相も変わらぬ批判が後をたたない現在、さしあたって次の二つのことをもう一度じっくり考えてみたい。第一に、ブラックバスが現在も存在している芦ノ湖ではどんなことが起こっているのか。第二に、琵琶湖でエビや魚をよく食べるハス、ビワマス、数種のナマズなどの存在をどのように考えるのか。

それと同時に、アメリカにおけるバスポンドづくり（池の中に、肥料→ミジンコ→ブルーギル→ブラックバスという系をつくり、好みの大きさと数のバスを釣獲する釣り場づくり）のようなことを日本の若い人たちが自分の手でつくり上げてみる経験も必要のように思う。

そのことをやることによって、バスフィッシングの面白さ、つまらなさ、大変さ、社会や環境とのかかわり等がわかり、キセルを自慢し合うような若ものたちの中から、アメリカで活躍するバスプロが出てくるかもしれない。筆者は両方ともそれほど好きではないが、ベースボールとバスフィッシングは似ている。

メダカ、トキ、ブラックバス、そして純血主義

ブラックバス排斥論者に、純血主義、国粋主義、民族主義などの片鱗が見られ、おかしくなると同時に背筋が寒くなってくる

世田谷区を流れる野川に生息するメダカはどのようなルーツをもっていれば許されるのか。中本賢さんの野川のメダカに対する気持ちと活動を知りつつ、ついそんなことを考えさせられてしまった。

中本さんは、数年前に野川にメダカのいることに気づき、昨年夏より、飼育、調査と強い関心をもつようになり、その増殖をも考え始めたら、メダカが「レッドデータ・ブック」にも登場し脚光を浴びるようになった。そこで、中本さんは世田谷区役所へメダカの保護を要請した。世田谷区の環境課調査啓発係は三年前よりその存在を知ると同時に、世田谷トラスト協会が新潟大学の酒泉満教授に遺伝的調査を依頼した結果も知っていた。

アイソザイムやミトコンドリアDNAについての分析結果は、野川のメダカは西日本型であり、東日本型ではなかったというものであった。その挙句に、野川のメダカは、「世田谷

弁を話すメダカではなく関西弁だった」ということになり、人々をシラケさせ、野川のメダカは強い関心をもたれることもなくそのまま放置されることになった。そこに中本さんが保護を申し出ても、そういうことだからと区は動こうとはしなかったようである。

野生のメダカには変りがないのに、西日本型だとなぜ保護の対象にならないのか。今の時代に、ルーツはどうであれ、野生のメダカが生息する野川の環境は望ましいものなのでそれを維持するというふうになぜならなかったのか。

野川のメダカが東日本型なり、世田谷の地域集団（筆者はそれを「単位群」と言うが）であったとしても、湧水などが豊富だった時代に稲作の伝播とともに半家魚化したメダカが生息していることがそんなに望ましいことなのか。日本の水田の風景は自然でもなんでもなく、人為的環境改変の極致とも言われている。

こうじゃなきゃいけない、こうするべきだという、一種の純血主義が最近再び盛り返しているようである。

筆者は、今から二十三年前に今はなき雑誌『アニマ』の時評で、「外来動物と純血主義について考える——求める自然が人によって異なり、と同時に人によって求め得る自然も異なっている」ということで、外来魚やブラックバスにふれながら、「いっぽう、外国産の魚はもとより日本在来のマス類でも、本来そこにいない魚は放流すべきでないという意見がある。

一理あるが、放流した記録さえ公開保存すれば、そう目くじらたてることでもないように思う。動物の側からのみ見て、一つ一つの種についてこれは本来いるべきだ、いるべきでないと決めつけ、あくまで『自然』を追及し続ける一種の純血主義ともいえるものに疑問を感じる。」と書いている。

この考えはいまでも変らないし、ここ四、五年のブラックバスをめぐる論争でもこの基本的スタンスで発言している。今の子供たちにとって、求め得る自然や釣りとは何かと考えたら、関西弁であろうと目の前にいる野生のメダカであり近くの池のブラックバスとなるのは止むを得ないと考えるし、それが本来あるべき自然や研究者や環境保護論者やある種マニアックな人々の求める自然とちがうからといって、子供たちにあきらめろ、待てとは言えない。

そんなことを考えていたら、トキの人工繁殖国内初の成功というニュースに接した。トキが国内で絶滅（人間で言えば一〇〇才にあたるキンがいるのでそう言い切れないが）したのは、乱獲と淡水域の農薬汚染や開発によるものでその原因の多くの部分はメダカとも重なる。

ところで今回人工繁殖に成功したのは関西弁どころか、中国語を話すトキである。なお、先の酒泉さんの研究によれば、メダカにも四主要集団の一つとして、中国―西韓集団というのがある。日本の研究者が勝手に、ニッポニア・ニッポンという学名をつけて、国の特別記念物だなんだと騒いでいるが、本家というか、ルーツ発祥の地は中国大陸と考えられる。そして、きちんとした調査を行なえば、トキもいくつかの主要集団が復元でき、佐渡にかろうじて生き残っているキンと、今回の友友・洋洋カップルとは異なる遺伝的集団に属している可能性がある。そのことは当然環境庁もわかっているが、この際目をつぶるしかないということのようだ。

さらには、「近親交配は遺伝的に悪影響を及ぼすので、さらに数を増やすには中国のトキと日本で生まれたトキのペアリングも欠かせない。」との意見もあるようだが、クローン技術と優生学的技術との組み合わせによりキンの子孫を残すという、過酷でブラックな試みもそのうち行われるかもしれない。しかし、ルーツをほじくるのはやめよう。これでいいじゃないかということで、後者の恐い話は日の目を見ない可能性がある。

というのは、日本在来のトキということで考えだすと、天皇のルーツはどこにあるかということにも考えが及んでゆく。それは、日本人と呼ばれたり、自称する人々の多くが、お尻の青い蒙古班をもつモンゴロイドを祖先にもつことは、現代の科学で認められている厳然たる事実だからである。そのモンゴロイドが二〜三万年前から、中国、朝鮮と移動し、数波にわたって日本列島にやって来て、九州や本州で暮らす人々の祖先になっただろうというのも確かなことである。

それゆえ、太平洋戦争の際、中国や朝鮮を侵略した日本が自分たちを大和民族と称し、これらの地域の人々を天皇との関係で蔑視したのはおかしな、馬鹿げたこととしか言いようがない。そのことと今回のトキでの騒ぎ方を重ね合わせるとなおさらおかしい。人間ほどというが、日本人ほど勝手な人々はいない。天皇も今回のトキについて「うれしく思う」という感想を述べたようであるが、自身を含めた日本人のルーツ、そしてトキのルーツについてどう考えたらよいのか、これまで述べてきたことは全部わかっていると思う。チチブなどハゼ科の淡水魚の研究者としては当然のことである。

先に述べたアニマの時評「外来動物と純血主義」の最後は次のように終っている。

「こういったこととは別に、日本人の起源について、日本列島にいつの時代か外来の民族が侵入し、それが繁殖定着し、しだいに勢力を広げた現在に至っているという説がある。そういった視点から、日本の自然及び日本人の自然への対し方を再点検することも興味深い。」

これを読まれた、淡水魚保護協会の木村英造さんが、「この外来の民族というのは、アメリカの進駐軍（占領軍）のことか」と問われたのには、そういう見方もあるかとびっくりした。そして木村さんは、機関誌『淡水魚』で、外来魚特集をやるので、ブラックバスについて書いてくれと依頼された。

ここいらのところ、日本における外来の民族、外来としてのブラックバスの見方などいろいろ重ね合わせて見てゆくと、ブラックバス排斥論者に、純血主義、国粋主義、民族主義などの片鱗が見られ、おかしくなると同時に背筋が寒くなってくる。

メダカ、トキ、そしてブラックバスについて、どう考えるかは、筆者がこれまで言い続けて来たことを最近酒泉さんも言っている。

「純血がいいんだということを強調するのも、行き過ぎがあるとあまり良くないなと思います。そういう生息環境がきちんと保存されている方が大事ですからね、純血よりも。特定の生き物の純血を守るだけじゃなくて、受皿としての環境がきちんとしているのが大事だと思います。」（水情報/Vol. 19/No4/1999-4）

まさに、この視点で、ブラックバスについて長良川河口堰建設との関連において検討を申し込んだがゆえに、本多勝一氏は対応できなかったのかもしれない。本多さんは、雑誌『金曜日』で、筆者について言及した天野礼子さんの文章を拒否したりしないで、本誌あるいは『金曜日』誌上で、ブラックバスについて筆者ときちんと対談したほうがよいように思う。

ところで、中本さんがメダカを観察した野川には、数年前にオイカワの関東在来型と思われるものをさがしに行ったことがある。多摩川の支流秋川での三〇年前の研究結果が、カワムツの調査などとも関連し発展して、琵琶湖、西日本、鈴鹿・伊吹以東フォッサマグナまで、そして関東平野にそれぞれ異なる単位群が存在したのではないかという仮説をたてるまでになった。

そして、関東平野では、周辺の山すそに湯葉のようにうすく在来型が生き残っていて、大部分のオイカワは琵琶湖起源と考えられる。関東の在来型はミヤコタナゴの生息するような環境に現在も健在である可能性がある。そのような環境として野川に採集にいったが釣りでは獲れず、投網を入れられるような雰囲気ではなく調査は中断しそのままになっている。

きちんと調査すれば、東日本型、さらには関東平野型ともいえるメダカが野川にいるのかもしれない。ともあれ、メダカやオイカワが今までどおり住み続けられるような状態に野川を維持することが大切である。

琵琶湖の若い漁民とバス釣りの少年達は、研究者、行政担当者、マスコミ等によって、惑わされ、混乱している

二月二四日のブラックバス問題の公開討論会をめぐって生じた、いろいろな社会現象は異常とも言える過熱さを示し、ある種の社会問題となってしまった。

この社会問題をどのように考え、対応したらよいかについてはもう少し時間が経過しないと見えてこないこともあるので、騒ぎが沈静化してからじっくりと検討し本誌で報告したい。今号では先に述べた立教大学における公開討論会に、釣り人側のパネリストとして参加してその渦中にずっぷりはまり、それなりに整理できたこともあるので、現時点でのブラックバス問題への関わり方と覚悟のほどをまとめておきたい。

まず、なぜこの討論会へ参加することになったのか。昨年の一一月一〇日東京大学農学部で行われた野生生物保護学会２０００年大会での自由集会「ブラックバスとどうつきあうか」での筆者の発言（この集会のけっこう詳しい内容が『釣りサンデー』の一二月後半の号に二回にわたって掲載された）と、本誌におけるこれまでのブラックバス問題に関する文章との両方から、日本釣振興会から参加してくれないかと打診があった。

日釣振は生物多様性研究会から公開討論会を申し込まれ受けたものの、生物多様性とか生態系そしてそれらとブラックバスとの関係について、討論の場で琵琶湖博物館の中井克樹さんに対応する人をどうするかが困っていたようである。というのは、世をあげてブラックバス駆逐論で、日本魚類学会も水産庁のゾーニングに関する試行案について反対声明を出すなど、まさに一億総バスたたきとでも言うべき大政翼賛的ムードの中で、芦ノ湖や河口湖はいいじゃないか、子ども達のためのバスポンドづくりを、などと声高に発言する研究者などまずいないからである。

しかし、筆者は次のような考え方というか立場でこの討論会に参加した。
一、一九九二年八月九日の日経新聞の「ブラックバス害魚説で対決。釣り人→大繁殖せず、レジャーで定着。漁民→駆除が必要、フナやアユ減る」という見出しの記事中で筆者は次のように話している。「河口湖の漁連（ママ、漁協の誤り）のように観光資源として積極的にバス釣りを奨励しているところもあり、バスを害魚と呼ぶのはもう古い。琵琶湖についていえば、ほかの淡水魚がいなくなった場所に比較的環境に適応しやすいバスがすんでいるだけ。フナ等の減少は環境破壊などの人的要素が原因でバスのせいではないと思う」。この発言およびその後二回、毎日と日経で発言し、さらに『フライの雑誌』で四〜五回書いていることに責任を持つ。

二、漁獲量の減少の原因としてブラックバスに対する根拠のない批判がはびこっていることに対してその誤りをきちんと正す。

三、漁業調整委員会指示をもて遊んで、バス釣りをする子ども達を犯罪人扱いすることに対して怒りを持っている。

四、少年達による少年のためのバスポンドづくりを応援するのが私たち大人の責任と考える。

そして討論会では表1のような筆者の考え方を前もって印刷し、配布しておいた。討論の経過は、害魚とは、生態系とは、生物多様性とは何かをていねいに確認し合った後に、琵琶湖や霞ヶ浦における在来の漁業対象種の減少原因についてもブラックバスにその責任を全部負わせるのはおかしいし無理であり、琵琶湖総合開発や水ガメ化等も原因の重要な部分として考えなければならないという点などで合意した。

しかし、(a)ブラックバスは日本にいてはいけない、全面駆除すべきと考えるか、(b)管理された状態での利用は可能だしやむを得ないと考えるか、という点について確認したところ、生物多様性研究会は明言はしないのだが、(a)の立場にこだわるので、(b)の立場の筆者とはそれ以上議論がかみ合わず、まして、その先の、棲み分け論(ゾーニング)についての是非や内容の検討にまで進まなかった。

ゾーニングについては、討論会終了後の報道関係者（釣り雑誌関係をはじめ二〇数名、朝日新聞社だけで五名来ていた）との共同記者会見でかなり突っ込んだやりとりがあったので、理解を深めた人も多かったと思う。というのは、討論会終了後も同じ席にそのまま残り聞いていた参加者が二〇〇名近くいた。

そんな訳で、用意した表2の「二一世紀の釣りのあるべき方向について」はほとんど討論できなかった。しかし、ここでまとめていることは、『フライの雑誌』の第二号（一九八七年）で「海の釣り堀化に明日はあるか」を書いて以来、釣りについて考えてきたことの現時点での総まとめであり、方向性である。

以上のように、ブラックバス問題については論議が整理され、さてどうするかと冷静に考えられる出発点に戻ったような気がする。それは討論会後のマスコミの記事を見るとこれまでの熱狂の名残りを引きずっている記者も少しいるが、まあまあ頭を冷やしだしている。

それよりも今回の討論会に参加するに当たって調べているうちに、琵琶湖の漁獲量が五、六年前よりほとんどすべての魚種において減少し始めていることが分かり、ショックを受けた。そういう中で、琵琶湖の漁業者、とくに若い人達は、ブラックバスやブルーギル等外来魚の問題を真剣に考え、怒り、悩んでいる。滋賀県漁連の青年幹部と討論会以来この一か月

表1

生物多様性研究会と日本釣振興会共催の公開討論会「ブラックバスにどうかかわるか。21世紀の釣りのあり方」(2001年2月24日)にパネリストとして参加するにあたっての水口の考え方

日本の在来の淡水魚類が著しく減少した原因		
大きな湖沼	河川	小さな湖沼
1.生息環境の改変	1.生息環境の改変※	1.生息環境の改変
2.漁業者の漁獲圧力	2.漁業者の漁獲圧力	2.バス等外来魚
3.バス等外来魚	3.孵化放流事業	―

※ダム河口堰、砂利採取、河川工事

生物多様性についてどう考えるか　そしてバスの日本における存在について

生物多様性の維持のために生物の生息環境の改変と生物の移殖を可能な限り少なくすること。生物多様性や生態系についてのきちんとした認識を深めることも必要。○○は日本にいてはいけない、という考えはとらない。バスは管理された状態での利用はやむを得ないと考える。

いわゆる水産庁などの「棲み分け論」についての考え方

漁業権魚種として認可された漁協については認める。バスを望まないところには極力入れないようにして、できるならそこでは減らす。第五種共同漁業権の認定されていないダム湖や池沼については地元の関係者が望むならバスポンド化も試みる。

表2

21世紀の釣りのあるべき方向について

1. 釣り場環境の維持

埋め立て、コンクリート護岸、砂と砂利の採取、ダムと河口堰、有害化学物質、放射能、有機物質等による汚染の禁止、撤廃、中止を行い生物の生息に適した環境を再生する。

2. 漁業の維持と遊漁との共存

共に人工種苗の放流を必要であるが、やむを得ない資源確保の手段として認めざるを得ない。その上で、両者での利用資源の適切な配分を前提として、乱獲と漁場破壊をもたらす漁法、漁具、餌を用いないよう両者で協議する。

3. 費用便益の考え方

漁場、資源、漁船等の利用をめぐって権利と義務、公費と私費、出資者と受益者等々の関係において、費用便益(コストベネフィット)の考え方が遊漁にも広く浸透せざるを得ない。

4. 遊漁の質の変化と分極化

1. 川や海の釣り堀化の進行とパチンコ屋的管理釣り場。
2. River Runs Through ItのItを求める少数だが豊かで維持的な釣り。
3. 多くの人々が比較的容易にほどほどに楽しめる釣り。

5. 21世紀に期待される釣りの具体例

1. アユ、サケ、サクラマス(サツキマス)の遡る川。
2. 子ども達のバスポンド作り。
3. 宍道湖・中海、東京湾、大阪湾等のシーバス・フィッシングエリア化。
4. トローリングの漁業との資源の合理的配分による共存。その他を釣り人の手で作る。

で三回話し合う機会があった。明日より一週間ほど、琵琶湖の漁業の勉強に行き、また青年漁業者からいろいろ教えてもらう。

琵琶湖の若い漁民とバス釣りの少年達は、ブラックバスやブルーギルへのかかわりにおいて、研究者、行政担当者そしてマスコミ等のよくわかっていない大人達によって、惑わされ、混乱しているように思う。これらを整理し望ましい方向を明らかにし、具体的な行動を起こすことも最初に述べた責任のとり方のひとつの在り様だと思う。

「生物多様性主義」という空虚

コアユ、ワカサギ、サケマスふ化放流事業、アワビ、マダイ、ヒラメの放流事業など、問題は山積である

あんまり楽しいことではないのでブラックバス問題にずっぽりつかるというのは避けたいのだが、エンジンのかかりかたというか着火はなかなかおそく難しいけれども、一度火がついたらというか言い出したことはかんたんには消えないというか消さないという性格が原因しててか、少し深みにはまりだしているような気がする。

論理的矛盾のないようにと考えて作成した文章を公表しながら討論を行い、その結果を整理したのが前号の「二一世紀の釣りのあるべき方向について」である。このことについては先の討論会を経て生物多様性研究会からは反論の無いことのようである。

二月二四日の討論会では限られた時間の関係もあってふれられなかったことや、ブラックバス問題に特に関心を持っている訳ではない人々に言いたいことなども、岩手県漁業協同組合連合会の情報誌『ぎょれん』五四六号二〇〇一年六月号に「ブラックバス問題と海面漁業

を考える」と題して書いたので、その全文に近いものを掲載したい。

「外来魚というのは、もともとその湖や川そして海にいなかった魚が移殖されたり持ち込まれて放流されたものを総称するもので、琵琶湖からのコアユ、諏訪湖からのワカサギ、アメリカからのニジマスやブラウントラウトなどを始め、一〇〇種類以上の魚が外来魚と呼ばれてもおかしくない日本の淡水魚類相の現状なのだが、ここではその中でも特別にブラックバスとブルーギルが外来魚問題の標的としてやり玉にあげられている。

北海道と沖縄県を除く全ての都府県では内水面漁業調整規則で外来魚（ブラックバスとブルーギル）の移殖の禁止、制限などが実施され、罰則規定を設けて放流をすることを防止している。しかし、これだけではブラックバスの密放流を防ぐことはできないとして、新潟県では一昨年一二月に内水面漁場管理委員会がブラックバスとブルーギルのリリース（釣った魚を放流すること）禁止の委員会指示を出した。

同様の指示は山梨県や埼玉県でもこれまで出されていたが、今年三月一日からは岩手県でも漁業権水域に限って外来魚を対象にリリース禁止の委員会指示が出されている。このように、内水面漁業協同組合とブラックバスを釣る（バスフィッシング）釣り人との間には一種の対立関係が各地で生じているが、事態が一方的に悪化しているというわけではない。

事実、秋田県では一九九八年より、そして岩手県でもこの六月から県の関係機関、漁協代表者、財団法人日本釣振興会岩手支部、日本バスクラブ岩手支部、教育委員会、岩手県警などでつくる外来魚対策協議会を設置し、年二、三回の割合で話し合いを進めるという。

このような話について、岩手県内水面漁連と岩手県漁連は、川と海とで全く異なり、関係ないと考えられる方も多いことと思う。そう簡単ではないのが外来魚問題である。いくつかの点で海面漁業の関係者も『もって他山の石』として関心を持つことが必要のようである。
一、数年前までバスフィッシングのメッカとして多数の釣り人が集中し、漁業への悪影響も生じ問題となった琵琶湖と霞ヶ浦・北浦は漁業法の規定では海面であり内水面漁協ではなく、遊漁料のとれる第五種共同漁業権も設定できない。それゆえ、水産庁が昨年一一月に自民党水産部会で提案した、いわゆる「すみ分け論（ゾーニング論）」に対して批判的な全国内水面漁連は全漁連の意見も聞くべきだと言っている。事実、今年三月の全漁連主催の全国漁村青年・婦人交流大会で漁業経営分科会の審査員をやっていた筆者に、滋賀県漁青連の役員が琵琶湖のブラックバス問題で質問して、会場にいた海の関係者をとまどわせた。
二、ブラックバスとブルーギルのリリース（再放流）を禁止する漁業調整委員会指示が出されて、釣ったブラックバスを放流することは犯罪であるかのように言われているが、これには疑問がある。海では小さい魚を再放流することは資源管理型漁業の重要項目とされている。また、ブラックバスが漁業権魚種とされている河口湖や芦ノ湖では、釣った魚を放流する（キャッチアンドリリース）ことで資源を有効利用している。また、これまで全国の海区漁業調整委員会指示で海面におけるオキアミなどのまき餌は禁止とされていたが、遊漁との共存ということもあって昨年水産庁はそれを認める方向へ転換した。
三、生物多様性研究会や日本魚類学会などは、ブラックバスの存在を現在漁業権魚種として認められている芦ノ湖などでは容認する水産庁のすみ分け論を、日本の在来淡水魚の保護と生物多様性重視の観点から批判し、ブラックバスを全面駆除すべきとしている。在来の魚類相の保護と生物多様性の維持は当然取り組むべき課題だが、そのことをあまり原理原則的に詰めてゆくと、魚類の人工ふ化放流事業（栽培漁業）に頼って行われている現在の水産振興行政を、根本から見直さなければならなくなる。
琵琶湖のコアユ、諏訪湖や網走湖のワカサギ、北海道におけるニジマスやブラウントラウトそしてサケマスふ化放流事業、アワビ、マダイ、ヒラメなどの放流事業問題が山積といった状態である。

事実、水産庁のすみ分け論を批判している日本生態系協会の会長池谷奉文氏が六月七日付読売新聞の論点で次のように言っている。「稚魚などの放流も、本来その種が生息する地域から離れたところで行われたり、一度に同じ種を多量に放流したりするため、種の多様性や地域ごとに異なる遺伝子の多様性を失わせる可能性がある」

池谷氏のこの文章は『生態系保護も水産業の役割』というタイトルで書かれたものの一部であるが、生態系や生物多様性といった、実態は把握しにくく本質を分かっている人も少ない言葉、要はみんな何となく分かったつもりで良いことだと思っている、しかし、実は訳のわからない言葉を使っての漁業に対する非難が、これからは多くなると思う。

サケの放流やアユの移殖についても、またブラックバス問題にしてもそう単純なものではなく、生態系や生物多様性の本質を知れば、ただ批判し、それをなくせば良いということにはならない。そのことについては次回詳しく述べることにして、ここではブラックバス問題に関わる筆者の考え方を最後になったが整理してみる。

①ブラックバスが日本にいてはいけない、絶滅すべしという考えはとらない。

②すでに漁業権魚種となっていたり、新たに漁業権魚種とする漁協の管理する水面では、他の水面に影響のないよう利用管理していく。
③ブラックバスの存在を望まない漁協の管理する水面や、漁業は行われていないが生物多様性の保全の必要な水面（小さな池沼など）では可能な限り駆除する。
④釣り人は容認された水面以外でブラックバスが繁殖しないよう、または存在しないよう協力し行動する。

以上は、水産庁のいわゆる「すみ分け論（ゾーニング論）」に比較的近い論調といえるが、このゾーニング論を、生物多様性といった訳の分からない、しかし、水戸黄門の印籠のような効果を持つと思われている言葉を使わずに、真っ向から批判するというか意見は、これまであまりなかった。

しかし、日本魚類学会が六月三〇日に開催した公開シンポジウム「ブラックバス問題を科学する―なにをいかに守るのか?」において、東京水産大学の丸山隆さんが「漁業権魚種認定に潜む落とし穴―いわゆるゾーニングは可能か?」とゾーニングを否定した。

そこで筆者らが五月より東京水産大学で行っている連続講座「ブラックバス問題のすべて」の第三回に「すみわけ論またはゾーニングの可能性」というテーマで丸山さんに話題提供をお願いし、討論することになった。なお、第四回は岐阜経済大学の森誠一さんに「日本の淡水生物相を維持するためには何をすればよいのか」というテーマで話題提供をお願いし討論を行う。なお、両会とも、子どもたちのバスポンドづくりについて話し合いたいと思っている。

漁獲量減少は外来魚のせいだと主張するばかりで、琵琶湖総合開発の問題点を明らかにしない研究者たち

面白い人に出会った。一九五六年三重県に生まれ、愛知大学理学部（思想史）、名古屋大学大学院（情報学）を終了後、三重大学水産学部（魚類学）と京都大学理学部（動物生態学）で研究し現在岐阜経済大学で教えている森誠一さんである。森さんの著書『トゲウオのいる川—淡水の生態系を守る』（中公新書一九九七年）の著者紹介のこの経歴からは想像もつかない、身長一八〇センチ以上、五分刈り、日焼けと漁師そこのけの偉丈夫である。

前回の本欄で紹介した、連続講座「ブラックバス問題のすべて」の第四回における話題提供者として「日本の淡水生物相を維持するためには何をすればいいのか」というテーマで森さんと討論の場をもつことができた。

森さんのこの問題への取り組みにおける考え方の基本は、目標（価値基準）をきちんと設定すること、それは問題の所在を明確にすることすなわち何をどうしたいのか、何がどうな

ればいいのかを明確にすることである。人間ぬきには問題は存在しないし義憤がないとだめだが義憤だけではだめで評価ができないと目標設定も困難である。ということでこれまでの「自然への記憶」を個体から生態系まで確認し、今後は科学として応用生態工学を確立し、これからの「自然への記憶」をどうつくり上げてゆくかが重要だということらしい。

義憤（直接自分には関係ないが、道にはずれたことに対して、発するいかり＝岩波国語辞典）などという懐かしくもうれしい言葉に出会うなど、森さんの考え方や調査研究結果とその解釈について殆ど異論がなく一時間半の報告を楽しく納得して聞いてしまった。森さんは人間の研究から始まって人間はうそをつきだます、猿もだます、しかし魚はだますこともない。自分は神様のように魚の全体像を把握できるということで、湧水池のトゲウオの社会行動を研究している。

筆者は四〇年前金魚の六尾の群れで条件反射の実験を行い、実験結果のもつ意味は実験をする人の何を見たいかという価値基準で決まってしまうという実験の怖さに野外のオイカワの調査に向かい、ついに今となっては人間の問題にすっかり関心が移ってしまった。流れは逆だが関心の振れ幅の大きさは一致していて面白い。だから、日本にブラックバスがいてもいいんじゃないという筆者と、いてはならないという森さんとの話し合いも結構かみ合うのかもしれない。

ただし、森さんが応用生態工学研究会のメンバーであり、「反生態学」にはならない生態学的視点で問題に対応すると言っている点において、筆者とだいぶ考えを異にする。

まず筆者は河川における近自然工法、生態系の復元、ミチゲーション、ビオトープなどといった言葉を環境破壊の免罪符でもあるかのようにもてあそび、さらなる新しい形の環境破壊を進めようとする研究者や開発事業者の集まりである、応用生態工学研究会の入会の案内には対応しなかった。それはまた拙著『反生態学』のなかで生態学者としての宍道湖・中海干拓淡水化問題へのかかわり方を徹底的に批判されている、現滋賀県立琵琶湖博物館館長川那部浩哉さんが京都大学理学部時代の森さんの指導教官であることと、どのように関係しているのだろうか。

このあたりのことを含めて、森さんと筆者の考え方のちがいについては、十五年という歳の差、筆者は両親とも東北山形鶴岡の生まれ、これまでの暮らし方生き方などといろいろを考慮して考えなければわかりづらいのかもしれない。

そんなことはさておき川那部浩哉という名前を聞くと、ブラックバス→琵琶湖→義憤という流れで年がいもなくむらむらしてしまう。なぜそうなるのか。

その一。二月二四日の立教大学におけるブラックバス問題討論会余話。当日進行係の天野礼子さんが、この十一月に滋賀県で開催される世界湖沼会議の企画運営委員会で琵琶湖総合開発の問題も取り上げるべきだと提案したところ、それはつぶされ以後委員から外されたと発言したことが『週刊金曜日』に紹介された。

その委員会委員長である川那部さんから天野さんにファックスが来た。委員会での貴女のその意見は少数意見として排除された。ブラックバス等外来魚問題を取り上げることは多数の同意で採用された。意見があるならNGOとして表明すればよいとの内容。

その二。日本魚類学会は六月三〇日に公開シンポジウム「ブラックバス問題を科学する――なにをいかに守るのか?」を開催したが、その前段としての水産庁に対するゾーニング案中止要請行動に川那部さんは裏で根回しをした。宍道湖・中海問題では逆の動きをした。

建設省（現国土交通省）、水資源開発公団そして滋賀県による琵琶湖総合開発事業の漁業や琵琶湖の水環境への悪影響が一般の目に見える形で明らかになりだしたのは五、六年前からのことだが魚類学会をはじめ、京都大学、滋賀大学、滋賀県等の研究者がそのことについて調査研究を行い、琵琶湖総合開発事業の見なおしや中止を要望し、琵琶湖を四〇年前の状態にもどすようにと提案したという話は聞かない。

それよりも滋賀県立琵琶湖博物館の中井克樹さん（この人も京都大学理学部での川那部さんの弟子である）を筆頭として、琵琶湖の魚や漁業にかかわる研究者は、こぞって琵琶湖の漁獲量が減少しているのはブラックバスなど外来魚のせいであると声高に主張するばかりで、琵琶湖総合開発事業の問題点を明らかにしようとしない。

その三。一九六六年二月に近畿地方建設局が発行した「びわ湖生物資源調査団・中間報告（一般調査の部）」（一一二ページ）のX一般調査の要約の冒頭に次のような文章がある。

「この調査の目的は堅田守山間のダム建設のために、南北両湖が遮断され、また北湖が水位変動することによる、水産資源への影響の基礎資料と、その後の水産対策への基礎資料をうることにある。」

これが当初の琵琶湖総合開発計画である。さすがに堅田守山間のダム建設というのは具体化せず、湖全体に人工護岸堤をつくり水ガメ化し水位変動を利水のために調整することになった。その結果として、異常渇水や増水、沿岸水草帯や藻場の消失、エビや魚の産卵場や稚仔魚の成育場の消失、ブルーギルを除くブラックバスを含めたすべての魚種の漁獲量減少、琵琶湖の漁業の衰退ということが五、六年前から顕著になりだした。

この調査団のまとめ委員副主任の川那部さんは、こうなることを三五年前に予想していたはずである。そして漁業者に対しては、だから漁業補償が支払われていると弁解するだろう。しかし、琵琶湖の魚や水に関心をもつ漁業者以外の滋賀県民は、それでは納得しない。そこで、ブラックバスおよびその釣り人に責任をみな押しつけてしまおうとしているとしか、考えざるをえない。

ブラックバス→琵琶湖→義憤むらむらの意味がおわかり頂けただろうか。

さて本題にもどり、右に述べた連続講座で森さんは最後のまとめとして、この問題に関する合意形成の一つの過程として「段階的ゾーニング」という考え方を提案された。その後の討論のなかで筆者は各地におけるブラックバスへのかかわり方の検討における具体的な進め方として次のようなことを考えた。

ブラックバスの存在を望まない水体(川、湖、池沼等)ではブラックバスを駆除しブラックバスやブルーギルのいない一種の逆サンクチュアリ(外来魚排除地域)をつくり上げる。いっぽう、ブラックバスとの関係をこれから維持していきたい水体ではそこのブラックバス等外来魚をきちんと管理し問題の発生を抑える。

前者の代表例としては琵琶湖が、そして後者の代表例としては芦ノ湖が考えられる。そこで、全国各地において身近なそこの水体に関心をもつ多様なかかわり方の人々が話し合ってこの水体では両者のどちらかを選択するか決め、それを具体的に実現してゆく。結果として何年か後には全国的にゾーニングが実現している可能性がある。

全国一斉に琵琶湖化しろ、いや芦ノ湖化しろという、オールオアナッシングまたはゼロワンゲームではいつまでもらちが明かない。できるところから納得の得られるところからどんどん進めてゆけばよいという考え方である。

というわけで、連続講座第五回は芦ノ湖漁協の橘川宗彦さんに、「芦ノ湖漁協のブラックバスへのかかわり方、過去、現在そしてこれから」という内容で話題提供をお願いする。そして琵琶湖ということになるが、話題提供をお願いする漁業者の方とか準備の関係でたぶんそれは十二月ということになりそうである。

その前に、日本釣振興会は釣り人の代表か、全日本釣り団体協議会こそそうではないのか、関東と関西ではブラックバスフィッシングに対する関心の強さ、ゲームフィッシングとしての成熟度などがちがうのではないか、釣りのメディアということで一括りにされる釣り雑誌も多様であるといった疑問に答えてもらうべく、十一月一〇日の第六回は『週刊釣りサンデー』会長の小西和人さんにお願いしている。

捕鯨、外来魚、原発の屁理屈を斬る

ウソも百ぺん言えば真実になる——
耳通りのいいキャッチコピーに騙されないために

サッカーワールドカップへの関心の高まりの前に、五月下旬下関で開催された国際捕鯨委員会（IWC）年次総会は、関係者が自画自賛している割にはもうひとつ盛り上がらなかった。その一つの原因として水産庁を筆頭とする日本の捕鯨推進派の主張というか宣伝が、なんとなくウソっぽくて人々の関心を呼ぶには今いちだったということがある。

セネガル対フランス戦を観てしまった今となっては、そのウソっぽさにつき合うのは空しいことでもあるのだが、ブラックバスでの駆除論者の理屈と捕鯨推進派の理屈が、ともに屁理屈であるということに免じておつき合いください。

実のところこの筋道のたたない理屈、いわゆる屁理屈にここ三〇年近く筆者がつき合わされている問題として捕鯨、外来魚、そして原発がある。

まず原発であるが電力会社や国はこの四〇年大金をかけて次のように宣伝し人々を言いく

るめようとしてきた。はじめは、大気汚染の元凶である石油火力や石炭火力に比べて、原発はクリーンなエネルギーである（地球的放射能汚染を引き起こしたチェルノブイリやスリーマイルの大事故が起こっていなかった）。石油ショックの後はどうしても必要な電力のエネルギー源としては原子力しかない。次に、核燃料のリサイクルで自給し最も安い電気。これも次々と破綻しウソがばれて、現在は地球環境のために炭酸ガスを排出しない原子力を、となっている。しかし、誰もあまり信用しなくなり、ここ二〇年新たに原発建設が計画されても受け入れた地域は一つもない。

ブラックバスなどの外来魚についてその存在を問題にした最初の主張は内水面漁業者のアユやワカサギを大量に捕食するという食害論である。次が生態系を破壊する、そして生物多様性の維持に問題がある。これらが事実で証明できず言葉の誤用もあったりして、最近は自然を守るのにいてはまずいのではとおとなしくなっている。

一九七二年ストックホルムの世界環境会議で捕鯨モラトリアム（商業捕鯨十年間禁止）が提案されたときの日本の主張は、それまで獲っていた大きなナガスクジラ、マッコウクジラ、イワシクジラなどは科学的に見て減っていないので獲ってもよいというものであった。しかし、多勢に無勢でこれら三種が禁漁になると、それまでは南極海のゴミとして小さすぎて経済効率が悪く獲っておらず、未開発資源のミンククジラを調査捕鯨として獲るようになった。

続いてアメリカやグリーンピースが国内政治と日米貿易がらみで日本たたきの道具に捕鯨を使ったことに対して、クジラを食べて何が悪い、牛を食べているじゃないかと、消耗な言い合いや固有の食文化、日本文化といった本質的ではない論争になった。

そして最近はミンククジラは増えている減っていない、さらにはクジラは魚を大量に食べるので、人間の獲っている魚の減る原因として考えなければならないといったクジラ食害論で、日本の人々特に漁業者の賛同を得ようとしている。

最後の「クジラ（ミンククジラ）は増えている」と「漁業資源を大量に食べるクジラは獲ってもよい」という主張を前面に出した広告が、五月二〇日前後の新聞等をにぎわしたので目にした人もいるかもしれない。これらの広告では数字を大きく取り上げたごまかしや実態のない主張がいくつもあり、まともにつき合っていられない情況だったが、今回はクジラ食害論を中心に真面目に検討してみよう。

四月ごろから日本各地の漁業協同組合で見られたポスターやこれらの広告に見られたキャッチコピーをまずご存知ない方のために例示する。

◎こりゃたまらん！　…クジラが年間に食べる魚の量は、全世界の漁獲量の三〜五倍（三億〜五億トン）。クジラが漁業をおびやかします。

◎守って、食べる。…クジラは大切な食料資源です。適正なルールのもとで、持続的利用を目指します。

◎あなたの誤解が、海を壊す。…クジラに対する多くの誤解が、海の生態系を壊し始めています。もはやこの真実から目をそむけるわけにはいかないのです。クジラの誤解―クジラはオキアミやプランクトンを食べているので、魚への直接被害の心配はない。クジラの真実―クジラは大量の魚も食べています。日本鯨類研究所の推定によると、クジラの全海洋の捕食量は、約二億八千万トンから五億トンという数字が出ています。人間の海面漁獲生産が世界合計で約九千万トンですから、人間の三〜五倍の魚を食べていることになります。海の生態系のトップにいるクジラを上手にコントロールしなければ、現在でも深刻な漁業問題はさらに悪化するでしょう。

◎「ちゃんと食べようクジラ」を数字で証明します。…クジラに対する多くの誤解が、海の生態系を壊し始めています。もはや、この真実から目をそむけるわけにはいかないのです。クジラが海洋生態系を壊していることの証明　クジラの捕食量五億トン／年。クジラは海の動物のなかで、最も大きく、多くの食べ物を必要とします。海の生態系のなかで頂点に位置するクジラは、なんと、世界の海で一年間に…後略。

◎増えるクジラ、減るサカナ。クジラが漁業をおびやかしています。ミンククジラは、サ

ンマ、イワシ、サバ、タラ、イカなどを大量に食べています。いずれも、だいじな漁業資源です。クジラが年間に食べる魚の量は、全世界の漁業生産量の…後略。

このように書いているとアホらしくなってくるが、〈ウソも百ぺん言えば真実になる〉効果のせいか昨年十月気仙沼で行われた産業まつりの会場で、漁業関係者の行ったアンケート調査（回答者三二八人）で、〈捕鯨禁止後十四年、クジラが増えすぎてサンマ、イワシなどがクジラに大量に食べられ、海の生態系バランスが崩れつつあること〉を「知っている」と回答した人が七七パーセントあったということである。水産研究者に同様のアンケートを行えば「分からない」と答える人が大多数であろう。なお、同アンケートでは「分からない」と答えた人が一人いたようである。

このような愚問に対しては次のように考えればよい。

今から五〇年前シロナガスクジラ換算で現在の四〇〇倍近くのクジラを世界で獲っていたときのクジラの資源量は、たぶん現在の一〇〇倍近くいたと思われるが、そのとき魚が食い尽くされて漁業が成り立たなかったか、そんなことはない。漁師は口をそろえて昔は魚がよく獲れたという。

同じことを鯨類研究者である粕谷俊雄さんは読売の記者に問われて次のように言う。「主にナガスクジラ科を対象にしているが、同科のクジラを日本近海で捕り始めたのは一九〇〇年ごろからだ。その前にも海に同科のクジラはいたわけで、それでも魚がいなくならなかった。そう考えれば、この計算にはちょっと無理がある」（五月二十一日読売「クジラ論争を追う」）

真面目に検討すると始めたので、もう少し理屈で考えてみよう。

どの種のクジラがどの海域で、どのような動物をどのくらいの量食べているのか、この事実の実態は不明である。そして実際に漁獲対象となっている魚を主な餌としているクジラの頭数、食べられている魚の量そしてそれと漁業で獲っている魚の量との関係における右の実態の果たす役割というか寄与率はさらに不明である。

世界の漁業で獲っている魚類のクジラの餌に占める割合は小さく、クジラの餌の大部分は漁業の対象とならない海洋動物と考えられているがその実態は不明。世界や日本の漁獲量の減少の原因はこれまで乱獲、人為的環境改変そして自然環境の変化によると考えられている。クジラによる食害をその主原因とする研究報告は非常に少ない。

それゆえ真面目な研究者であれば右のアンケートには「分からない」と答えるしかないが、常識で考えれば「そんなバカなことがあってたまるか」ということになる。

最後に、外来魚問題とクジラ食害論を比較してみる。

「ブラックバスが在来魚を大量に食べている調査例がある。だから日本の在来魚が減ったのはブラックバスのせいである。」という主張がある。ここまではクジラと漁業対象魚種の関係についての主張と似ている。そして、だからブラックバスを駆除すべしというのと、ミンククジラをもっと獲ってよいというのも、あるところまで似ている。

これら一般うけというか素人うけする主張は、そこだけ取ればなんとなくわかりやすくアピールするが、事実を知り、全体の関係や歴史的経過を踏まえて考えると途端に、単なる思いつきのキャッチコピーでしかなくなってしまう。

『ブラックバスがメダカを食う』と同じ宝島社新書の『クジラは食べていい!』の帯には、「捕鯨禁止が生態系を破壊する!」とある。これは、「クジラは（魚を）食べていい。そうすれば捕鯨推進の理由ができる」とも理解できる。

ややこしいキャッチコピー狂騒の時代である。おのおのゆめゆめ油断めさるるな。

ブラックバス駆除騒ぎに感じる気味悪さ

バスはダイナマイトで殺せ？
在来の淡水魚を最も殺しているのは、私たち人間である

いわゆる外来魚問題、ブラックバスをどうするかにはまり出して二年近くたつが、バスが好きでどうしてもバスが守りたいというわけでもないのに、このところのバスバッシングというかブラックバスを駆除せよという声高な動きには、何か気味悪さを感じてしまう。

例えば、二月末から三月初めにかけて、環境省が皇居外苑・牛が淵濠において実施した外来魚駆除事業であるが、これは「水質状況調査・ゴミ清掃及び在来種保全（移入種駆除を含む）作業」というそうだが、要は牛が淵濠が外来魚によって侵略され、在来魚が危機的状況にあることを検証し、広く社会に問題を知らせることが当初の目的であったようだ。

しかし、蓋を開けてみればというか、掻い掘りしてみたら、捕獲された魚種の87％が在来種で、ブラックバスの個体数は0.6％だったという。ここで皇居の濠の在来種が何で、どんな魚が移入種かという検討を始めだすとややこしくなるのでそれはさておくとして、このブラ

ックバス騒ぎは何なのさということになる。

マスコミを始め世間は、外来魚（＝ブラックバス）という幻というか幽霊に惑わされているのではないだろうか。そこには一つの思い込みというかレッテル張りがある。

魚食性外来魚のブラックバスは他の在来魚を食い尽くす。→その結果、湖沼や河川はバスだらけになる。→それは日本在来の淡水魚の絶滅であり生態系の破壊である。

皇居の濠といっても単に切れ残った江戸時代からの堀割でしかなく、都市の中にかろうじて維持された大きな水溜りに過ぎない。ひところ水草が繁茂し過ぎたのでソウギョを放流したとか、水体にとっては迷惑で過保護な人の手が様々に加えられているかもしれないが、日本古来の生態系といったものとは、ほど遠い。むしろ、昨年まで水質汚濁ワーストワンだった手賀沼に次ぐような懸濁物質（ＳＳ）の量が多く透明度の低い、そしてあらゆるガラクタの多い、魚にとっては暮らしにくい汚れ切った沼と言える。

そのことを今回の調査で捕獲された魚種組成が如実に示している。一万一千個体以上の中で目立って個体数の多いのは、71％のモツゴ（クチボソ）と共に12％のヌマチチブ（ダボハゼ）とブルーギルである。他はほとんど1.3％から０・０２％と稀少である。それは多い順に、ウギゴリ、コイ（六〇センチ以上）、トウヨシノボリ、ワカサギ、ブラックバス、ギンブナ、ゲンゴロウブナ、ジュズカケハゼ、ソウギョ（一メートル）、レンギョ（一メートル）、ウナギとなる。
　この魚種構成比率から次のようなことが見えてくる。
①これら十四種の魚の、牛が淵濠への生息起源は、（ア）濠が出来たときからの子孫の生き残り、（イ）流入水など濠の水の入れ換えにともなって流入した稚魚や親魚そしてそれらの子孫の生き残り、（ウ）人の手によって放流されたもの、の三グループが考えられ、確定はできないが、このうち八種ほどが（ウ）のグループに入る。
②千個体以上いたモツゴなど三種以外の稀少種は、自然繁殖を全くしていないか、行っていてもかろうじてという状態であり、放流や流入も行われずこのままの状態が続けば、早晩この牛が淵では姿を消してしまうだろう。
③筆者らの手賀沼での調査では、雄の親魚が産み付けられた卵に懸濁物質が沈殿付着しないよう、また貧酸素水が影響しないように口や鰭を使って保護しているモツゴが大量に自然繁殖し、コイやフナは放流によってその数が保たれているという結果が出たが、この皇居の濠でも同様のことが起こっていた。なお、ヌマチチブも親魚が同様の保護を行う。
④ブルーギルがヌマチチブと同様に多数捕獲されているが、その理由は不明であり研究室ではその研究を始めている。ただし、琵琶湖では、現在外来魚駆除ということで漁獲される魚の95％がブルーギルである数字と、今回の調査結果が一致し過ぎるのには不思議という

しかない。漁獲される魚全体に対するブラックバスの重量比が今回とほぼ同じ、というのも驚きである。なお、霞ヶ浦ではブラックバスが大きく減ったのはもちろん、ブルーギルですら減り始め、今増えている外来魚はチャンネルキャットフィッシュとペヘレイである。⑤琵琶湖や霞ヶ浦など大きな湖では、ブラックバスの繁殖によってそこに以前から生息していた魚類が食い尽くされ減ってしまうというようなことは起こらないが、小さな池沼ではその可能性も否定できないと考えていたが、小さな池沼でも環境条件が厳しくブラックバスも生きるのがままならないところでは、在来魚の減少も起こらないということがわかった。

中本賢さんが雑魚掬いから多くの発見をしているが、今回の環境省のお濠の調査結果をちょっと検討するだけでいろいろなことがわかる。「ブラックバスがメダカを千数百個体食べる」というお馬鹿な実験が評価されてか、環境省の移入生物対策の検討委員会に唯一魚類関係者として参加している近畿大学の細谷和海さんは、この調査結果から何を学ぶか聞いてみたいものである。

ブラックバスの駆除騒ぎに気味悪さを感じる理由の一つは、それがこの間のアメリカの戦争騒ぎと重なり合うことである。

一昨年北海道の大沼で二個体のブラックバスが確認された際に、北海道開発庁の打ち出した対応策。まず、大きな地曳き網等で徹底的に大沼の魚類を捕獲してしまう。それでもブラックバスがつかまらず穴や割れ目に逃げ込んでしまう可能性があるので、五十か所ほどにダイナマイトを仕掛け爆殺する。

二人の人物を捕捉するために、アメリカがアフガニスタンでやったことと同じである。最初反対した北海道の環境保護団体も同意してしまった。しかし、さすがに水産庁が水産資源保護法でダイナマイト使用を禁止していることを理由に許可しなかった。それにしてもおかし過ぎて怖い。

多くの人々が駆除を認める理由は、ブラックバスは魚食性の害魚だから駆除するのも仕方ないということである。今回、アメリカがイラクを攻撃する最大の理由は、イラクが大量破壊兵器を隠し持ちそれを使用するかもしれないというものである。そして多くの人々がイラクも悪いのだから仕方がないという。とんでもないことである。

世界で最も大量の核兵器を所有しているのはアメリカである。それも公然と。そして、在来の淡水魚を最も殺しているのは、私たち人間である。

アメリカがなぜイラクを攻撃するのかは世界中の多くの人々が気付いているように、イラクなど中東の産油国を植民地化し石油資源を自由にする（アメリカの好き勝手にする）、と同時に大量の兵器を消費してアメリカの軍需産業に商売させる、ということでしかない。それを、正義、平和、神といった言葉の過剰包装でごまかしているに過ぎない。

ブラックバスを駆除せよ、日本にいてはいけない、バスフィッシングを禁止せよと主張する桜井新会長の統率のもと活動している、全国内水面漁業協同組合連合会の構成メンバーである各地の漁協にしても、ブラックバスによる食害によってアユやワカサギの漁獲量が減少したという具体的なデータを示すことが出来るわけでもなく、まして絶滅の心配される在来淡水魚の保護に熱心なわけでもない。

ただし、全国の河川の漁協がこれまで漁業補償と引き換えに認めてきた、ダムや河口堰の建設、河川改修、砂利採取等による天然の魚の漁獲量減少と、琵琶湖総合開発のつけともいえる冷水病による放流アユ確保の困難という二重苦に、どこも同じように悩んでいることは確かである。

アユを釣る遊漁者にとっても好ましくないこれらの問題の原因を、外来魚に全部おっつけて責任回避すると共に、新しい釣りであるバスフィッシングをやる若者や子供たちを悪者にすると同時に、外来魚対策費という補助金を国や県から引き出す、というのが全内漁連のやっていることである。

アメリカやブッシュに殺すな、戦争をするなとは言うが、ここでブラックバスを殺すな、バスフィッシングをするなと主張するつもりはない。ただここのところ、全内漁連主導で内水面漁場管理委員会指示やレジャー規制条例によって外来魚のリリース禁止を決定したり、規制しようとする県がふえている。新潟、岩手、滋賀、秋田に続いて宮城や長野でも検討が進められている。これらの動きに対する筆者の考えを整理すると次のようになる。

漁業者や行政がブラックバスを漁獲（駆除）することに反対するものではない。ただし、釣ったバスをリリースするバスアングラーにリリースするな殺せというのはおかしい。釣ったバスをリリースするか、殺して食べるか、他の湖沼（例えば河口湖）へ放流するかは釣った人の選択の問題である。それよりもリリース禁止は角を矯めて牛を殺す結果となる。

キャッチアンドリリースやバッグリミットについて基本から考えるつもりが、アメリカのイラク攻撃でちがったことになってしまった。

リリースを法的規制するのは、とんでもなくおかしく、間抜けだ

リリースするか食べるかは、釣り人の選択の問題
殺せ、食え、肥料にしろと言われて楽しいわけがない

最近、キャッチ・アンド・リリースについての論議がかまびすしい。それは、規則や法でリリースを禁止するなどというとんでもない、想像もしなかったことがやられていることと無関係ではない。筆者もそのやかましくしている者の一人なので今回はそのあたりを少し整理してみたい。

釣った魚、獲った魚を放流するというのは釣りの目的と深くかかわっている。釣りの楽しみ方にはいろいろある。

①まず、釣りを楽しめる環境に身を置きその境地にひたる。その場合糸の先に鉤はついていなくてもよい。水墨画の世界である。

②次に、魚が釣れることを目標とするのではなく、釣るという行為を楽しむ。当然糸の先にはフライなり鉤と餌がついている。リバー・ランズ・スルー・イットの境地であるがその

イットが人によって異なり多様であるのがよい。
③釣りをする以上魚が釣れて釣り味を楽しまなければということで釣った魚を手にすることを目的というか成果と考える人もいる。釣れなければ面白くないというのが②の人とは異なっている。ただし、釣り取った魚の大きさや状態そして美しさ等にはこだわり愛でるがそれを食べたり売ったりすることには関心が無いので放流する。
④釣った魚を食べて楽しむことはするが持ち帰る量は最少限の尾数にとどめる。それ以外は放流する。いわゆるバッグリミットである。
⑤持ち帰る数は決まっていないがほどほどにして、目的の魚以外の魚種や小さいものはすべて放流する。
⑥釣った魚はなるべく多く持ち帰り売りたいが規定の大きさ（例えば一都三県のキンメダイでは全長二二センチ）以下のものは放流する。これは漁業において近年行われだしていることである。
最後の⑥以外は、釣りを楽しむ際の釣った魚へのかかわり方というか扱い方をリリースという観点から整理したものであるが、これら以外の釣った魚への対応の仕方もある。それは、⑤と⑥の中間というか、外道で目的の魚以外は殺すというもので、防波堤等で、クサフグやキタマクラなど食べられないそして餌取りでもある魚が大量に干からびている事例である。

これは番外の外道としよう。

以上七つの釣りの楽しみ方を、実際の釣り情況を考慮して具体的にみてみる。まず渓流でヤマメやイワナ等の冷水性魚類を釣るおじさん達は、食べることへの関心が強くまたあまり多く釣ることもないので、⑥に近い⑤ではないだろうか。そのような風潮の中で、キャッチ・アンド・リリースを呼びかけるフライフィッシングの人々は④、③そして②を志向する。また、ブラックバスを釣る若者やヘラブナを釣るおじさんは③にはじめから徹していることになる。

ＪＧＦＡ（ジャパンゲームフィッシュ協会）は、これまで、スズキ、シイラ、カジキマグロなどでタグ・アンド・リリースの調査を精力的に行ってきて、最近、スズキとシイラについてのバッグリミットを提案し、具体的活動を始めている。

その内容は、スズキについては一日に一人が持ち帰ることができる魚は全長五〇センチ以下のものを一尾とし、シイラについてはサイズ制限なしで一尾としている。スズキでは産卵の始まる五〇センチ以上を残すためという理由のようであるが、五〇センチ以上をリリースすることにより、大型魚がいつも釣れるようにしたいというのがホンネだろう。

というのは、産卵魚の保護が資源の増大や保全に実際につながるのかという疑問を筆者はもっているからである。もちろんすべての魚種についてそうだというのではなく、少なくともスズキについてはあまり関係ないと考えている。これは、本職の資源維持論における重要課題の一つなので、必要であれば別の機会に述べてみたい。

以上、いろいろな釣りの楽しみ方、キャッチ・アンド・リリースのやり方がある訳だが、なぜリリースするのか、キャッチ・アンド・リリースによって釣り人は何を期待し、何を見返りとして望んでいるかを、次に考えてみる。

魚は釣れなくてもよい、糸をたれているだけでよいというのは論外として、魚を釣ってそれを放流（リリース）する人の考えは、大別して次の四つにわけれらるだろう。

(1)魚を殺したくない。この理由には、魚が好きだから、愛している、そして動物愛護などいろいろあるだろうが、後に述べるように釣りという行為そのものが魚を殺しいじめることでもあるので一寸矛盾しているといえる。

(2)食べたくない、食べなくてもよい、釣りを楽しめばよい。だからリリースする。これはブラックバスを釣る若者に多い考えかもしれないが、これに(1)の考えを言ったり、次の(3)のような考えをつけ加えるからややこしくなる。要は、バスフィッシングというのはそういうものだからリリースするということでしかない。これを文化だ伝統だと言うとさらにややこしくなる。アメリカではマス類はリリースするがバス類は食べることが多いとも聞いている。日本と逆のようである。

(3)リリースすることにより資源を減らすことなく有効利用できる。資源保全により一尾の魚で何回も釣りを楽しめるということである。要は次の(4)と共に魚を減らしたくないのでリリースしている。

(4)小さいものは放流して大きくしてから再び釣り取って楽しみをより大きくする、またはより値段の高いものにして資源を有効利用する。

以上釣りをする人が釣った魚をリリースするかどうかについては、殺すか、食べるか、リリースするかは釣った人の自由という現状では、他人がとやかく言うことではない。要は、殺生したくない、菜食主義者である、より釣りを楽しみたい、そしてその他の考えで、それぞれが勝手にやればよいことである。

ところが、新潟、岩手、秋田県では内水面漁場管理委員会の指示で、滋賀県ではレジャー関連の県条例でブラックバスやブルーギルのリリースが禁止されている。しかし、これらのリリースの法的規制は釣りを楽しむという観点から言えばとんでもなくおかしく、かつ禁止の目的を考えれば間抜けなものといえる。

それでは「リリース禁止」の目的は何なのか。

まず第一に、その因果関係の正当性はともあれアユ、ワカサギ、ニゴロブナ、ホンモロコなど、漁業対象種や在来の稀少淡水魚等の減少の元凶としてのブラックバスを減らしたい、日本からいなくしたいという考えが基本にある。

第二に、ブラックバスがこれだけ繁殖したのは釣り人による密放流が主な原因だから（これについてもその全面的肯定には疑問があるのだが）、釣り人が責任をとり駆除せよという主張がある。そして、第三にというか結論として、釣り人にブラックバスを釣らせ、そのブラックバスをリリースせずに、殺すなり食べるなりさせて、少しでも減らしたいということらしい。

ブラックバスを減らしたい、と考えることに異論をさしはさむつもりはない。そうであるのならリリース禁止などしないほうがよい、と言っているだけである。

ところで、ブラックバスの二大釣り場であった琵琶湖でも霞ヶ浦でも、近年バスが大きく減少し、釣りにくい魚になっている。その原因別減少量を琵琶湖について検討してみると、第一がキャッチ・アンド・リリースによる死亡で約八〇トン（一九九八年）、第二が駆除作業という名の漁業による漁獲で三〇トン前後、以下量的なものは不明だが、産卵場等生息環境の悪化、外来魚として琵琶湖の環境に順応できないこと等も減少原因として考えられる。

それゆえ、二年ほど前から筆者は、琵琶湖のブラックバスはこのまま釣り続ければ五、六年で釣れなくなってしまうと言っていた。そこにこの四月からのリリース禁止条例である。その結果、リリースの目的は⑴から⑷までいろいろで、そんなに小難しく考えないバスアングラーの六割から七割が、琵琶湖にバス釣りに行きたくないと考えていることがアンケート調査でわかった。

リリースするな、釣ったバスは殺せ、食え、肥料にしろ、と言われて楽しいわけがない。結果として条例の目的に反して、ブラックバスはそんなに減らないだろうということである。

ブラックバスについてはアメリカでの研究ではリリースによって、十数パーセントが死ぬと言われている。日本で初心者が行えば七割死んでいるとも言われている。手元に来てバレるようなフックの仕掛けや釣り方をする。すなわち②の釣りの楽しみ方をしてのリリースでない限り、キャッチ・アンド・リリースというのは何割かの魚の死を確実にもたらす行為だという考え方が必要のようである。

そのようなことをも組み込んだバッグリミットの資源保全に対する効果というかもつ意味を検討する必要があるのではないだろうか。ドイツなどのように魚種を問わずキャッチ・アンド・リリースが法律で禁止されている国もある。そこでは同時に放流事業や活き餌釣りも天然魚の保全という観点から禁止されている。

生物多様性の保全を言うなら日本の内水面漁業と釣りを根本から考えなおさなければならない。

レッドデータブックからサツキマスを外した環境省と御用学者のあきれた小細工

『フライの雑誌』においてこれまでブラックバス関連で筆者が書いてきたもの（54、55、61号掲載分）が、環境省のホームページで読むことができるようになった。

この数年いわゆるバスの駆除派と呼ばれる人々が、筆者を名指しで批判することはほとんどなかったが、ただ秋月岩魚氏だけが二冊の著書で具体的に筆者の発言を批判している。

そこでやり玉にあがっているのは、『日経トレンディ』で、よく分かっていない記者が取材に来て話したことをもとにまとめた記事の一部で、大きく間違ってはいないがとても筆者が責任をもてるものではない。

ただし、その中で秋月氏は、日本の内水面の釣り場が「釣り堀」化していると筆者が主張することを批判しているが、この点については『フライの雑誌』のこの欄で一五年以上も前から書いていることで、その状況はますます進行しており、神奈川県の沿岸域についてはマダイでもそうなってしまっている。この点についてはもっと現実を直視してくださいというしかない。実はこのことは後述する生物多様性とも深く関わっている。

それはともかく、秋月氏達はなぜ本誌で私自身が書いていて責任をもてるものについての批判をしないのか。最初に考えられる理由としては、書かれていることがまともすぎると言うかある意味では常識的なことなので、生物多様性は絶対正しく世の中のことはそれですべて律すべしという彼等の考え方では太刀打ちできないというか、難くせがつけにくいということかもしれない。『フライの雑誌』の発行部数が多くないので見ていないというのは理由にならない。

冒頭で紹介した三篇の「釣り場時評」は、二年半前の立教大学における秋月氏や中井氏との公開シンポの後に書いたもので、その後の連続講座や各地の集まりなどで資料として配付しているし、インターネットでも調べることができる。しかし、その存在は知っており読んでもいるが取り上げたくない最大の理由はどうも『フライの雑誌』には関わりたくない、知らんぷりですませておきたいということらしい。

というのは、『フライの雑誌』に関わりだしたらどうしても十年ほど前の「本多勝一氏への公開質問状」に決着をつけなければならなくなる。

ブラックバスについて非難する記事は十数年前よりいろんなところでそれなりに見られて

いた。しかし、終刊する直前の『朝日ジャーナル』に四回連載の本多勝一氏の記事はあまりにも滅茶苦茶なので真意を問う形で本誌第19号において公開質問状を書いた。それに対して本多氏からは忙しくて対応する時間がないという連絡があってそのままになった。しかし、その後本多氏のご子息の本多きよし氏（筆名多田実）が雑誌『Ｖｉｅｗｓ』誌上で中禅寺湖のスモールマウスバス問題について秋月氏と共著で取り上げた。これで一時下火になっていたバス問題に再び火がついた。

本多きよし氏が、マスコミ各社や関係者（後述する秋田の杉山秀樹氏のところにたまたま行っていてそのファックスを見せてもらったのだが）に、これからはスモールマウスバスが問題だ、取り上げよう、という文書を送った。そのことを含めて、父親はラージマウスバスで息子はスモールマウス、これは何なんだと本誌第35号で書いた。

しかし、父子からは何ら反応はなかった。秋月氏の最初の著書のゴーストライターは本多きよし氏ではないかとうわさされているような同じ生物多様性研究会の会員としての親しい関係からして秋月氏がバス問題で『フライの雑誌』に関わるのはタブーと考えるのは当然といえる。以上のことについては、本誌に筆者がこれまで書いたことについてを始めとして、秋月氏および本多氏父子からの反論なり意見をぜひ本誌に寄せていただきたい。

最近の秋月氏の著書『ますます広がるブラックバス汚染』では、さらに二つの発言が批判されている。一つは、今年一月の朝日新聞に筆者が書いた「私の主張」に対して一ヶ月半後に琵琶湖の漁協組合長が水口は最近の琵琶湖におけるブラックバスの漁獲量は多くて四〇トンと言っているが直近の数字は一三七トンで誤りであると指摘したことである。

これはそのすぐ後に『ゼゼラノート』(http://www.zezera.com/)がきちんと対応してくれたので放っておいた。どういうことかというと今年の一月までに公表された統計資料では水口の言う通りだが、二月に公表された資料の数字が一三七トンであった。そのことを理由に水口は誤ったことを言っていると思わせようとする一種の作為(つくりごと)または作意(たくらみ)である。扱う統計資料の期間が異なっているのを知らんぷりして同じ資料を用いて水口が誤った判断をしていると思わせようとしたのである。

ともあれ、二〇〇一年のブラックバスの漁獲量がそれまでより数倍に急増したことには、ブルーギルを含めた外来魚に対する県の買上げ価格の上昇や駆除作業の成果を宣伝するための数字づくりなどといろいろの背景というか理由が考えられる。

そこで問題となるのは、農林水産省近畿農政局滋賀統計情報事務所が滋賀県農林水産統計として公表している魚種別漁獲量の詳細である。特に漁協別のブラックバスの漁獲量である。琵琶湖全体の数値が公表されているので当然漁協ごとの数字もあるに決まっている。県や国はお金がからんでいるので出せないと言うかもしれないが、リリース禁止訴訟と並行して行われている滋賀県を相手どっての原告浅野大和氏の補助金差止の行政訴訟においてはこの数字が重要となってくる。税金を使って外来魚の漁獲量について漁協の申告に応じて駆除事業費を払っている滋賀県漁連への滋賀県からの補助金が問題となっているからである。（編注：初出時にあった川辺川ダムに関係する漁業権の強制収用に関する記述を省略）

秋月氏が筆者を批判している二つ目の点は、中央環境審議会野生生物部会第五回移入種対策小委員会（六月九日開催）で日本釣振興会が推せんした参考人として意見陳述を行った際の岩槻委員長との質疑応答において、ブラックバスが科学的に害がある、あるいはないという判断のできるデータを持っているかという質問に対して、筆者が持っていないと答えたとして、筆者は何も分かっておらず委員会で批判されたかのように理解できる記述をしている。

この点についての具体的事実はまもなく環境省ホームページに掲載される第五回の移入種対策委員会の会議録の質疑応答の部分（四三字で四〇行）を読んでいただけば分かる。ここで今それを再録することもないので、ただこの質疑応答を環境省の担当者がまとめて議事概要として公表しているのでそれを紹介する。なおこの時秋田の杉山氏も参考人として意見を述べている。

「ブラックバスが科学的に害がある、あるいはないという判断ができるかどうかということをお伺いしたい。お伺いした範囲では、例えば密漁に対して1万分の1ぐらいというような数字が出たが、それは感覚的なもので、ほとんど害がないということを科学的にどこまでいえるのか確認しておきたい。

→私はレッドデータブックの存続を脅かす原因という点数を数えたら、ああなったと言っているだけで、害があるともないとも言っていない。害があるというのは非常に難しく、事実をどう評価するかであり、影響があるかどうかという点では日本にそのような研究者はいないので、資料を出していくことが重要。」

このようなやりとりをいくら秋月氏がねじ曲げても情報公開とインターネットの時代、小細工はきかないのである。

この小委員会で意見陳述をする際に参考資料として、冒頭に紹介した『フライの雑誌』の三号分の「釣り場時評」のコピーを配布したので、環境省としては会議資料としてホームページに掲載することになったわけである。

前置きが長くなってしまったが、今回はこのときに話した生物多様性と魚類放流との関係、そしてサツキマスの問題から始まって中禅寺湖のホンマス、北海道のニジマスへと検討を進めてゆきたい。

この小委員会の質疑応答の半分近くが筆者に対するものであり、あとの半分がキャッチ・

アンド・リリースに関するお馬鹿なお話であった。これを聞いて少し整理しておかなければと思い検討したのが、本誌前号の「リリースを法的規制するのは、とんでもなくおかしく、間抜けだ」である。

サツキマスの問題とは何か。一言で言えば、環境省（その当時は環境庁）が国土交通省（当時の建設省）のゴリ押しに屈して、今年五月発行のレッドデータブックからサツキマスを外したということである。

本誌で何度も取り上げたように、長良川河口堰建設にともない海と川を往き来しているサツキマスの存在が危うくなり、さらにサツキマスの中に見られる二つの型が消されてしまうのではないかと心配した。それはまさに生物多様性の問題である。

そうであるからこそ一九九一年発行の「日本の絶滅のおそれのある野生生物―レッドデータブック―（脊椎動物篇）」において、サツキマスは絶滅危惧種として登録掲載されたのである。そのことをもって河口堰建設反対の人々がサツキマスを守れと声高に叫ぶのをいやがって、建設省はサツキマスのレッドデータブック外しを画策した。

当時水産庁にいて現在近畿大学教授であり、先に述べた環境省の移入種対策小委員会の専門委員でもある細谷和海氏は、レッドデータブックに登載する魚種選定の責任者でもあったので、水産庁の役人として建設省の圧力に屈したのかどうかは不明だが、屁理屈をこねて、環境庁のレッドデータブックからサツキマスを外し、水産庁のデータブックでサツキマスを取り上げた。

そこで用いた屁理屈は、今年五月に刊行されたレッドデータブックの中の四、汽水・淡水魚類レッドデータブックの見直し手順において、次のように述べられている。

「また、旧版で絶滅危惧種に選定されていたサツキマスは、以下の理由により今回の選定評価の対象外となり本書には掲載されていない。即ち、サツキマスはアマゴの降海型であり、分類学上はアマゴ（亜種レベル）に含まれる。旧版では亜種レベルに満たないグループも選定対象としていたが、今回の見直しでは、選定評価の対象を分類学上の亜種レベル以上に厳密に限定したことから、サツキマスを含むアマゴ全体が評価の対象とされた。アマゴ全体で見れば、絶滅の恐れがあるとは言えないことから、サツキマスは本書に掲載されなかった。サツキマスの自然個体群の希少性に変化があったものではない。」

なんたる文章か、これを作為あるいは作意と言わずして何と言うか。この文章からいろいろなことが考えられる。

一、サツキマスはアマゴです。アマゴを放流すればサツキマスが減る心配はありませんと主張した水資源開発公団や建設省を、環境庁は認めたことになる。

二、確かに全国的に見れば放流によってアマゴは減っていないかもしれない。しかし、現在その川独自の在来のアマゴが生息している川が、どれだけ存在しているか。生物多様性の観点から環境庁はそのことをこそ問題にすべきである。

三、サツキマスはアマゴだから絶滅危惧種ではない。しかし、サツキマスは依然として絶滅危惧種であることに変わりはない。しかし、魚類学的網かけをゆるくする形で見なおしたので、今回のレッドデータブックには記載されない。建設省の意志に沿った環境庁の作為というかむしろ詐欺というしかない。

四、ここで魚類の分類学的判断に関して、降海型、亜種レベル、という言葉がでてくるが、そんなに自信をもって言えるきっちりとしたものなのか。ここではサツキマスは亜種レベル以下、亜種ではないと決めつけられているが、同じレッドデータブックのビワマスについての記載の中で、滋賀県琵琶湖博物館の前畑政善氏は「サツキマス（*O. m. ishikawae*）に酷似し、」と述べ、サツキマスはビワマスと同じレベルの亜種として認めている。ごまかしの口裏合わせがうまくゆかなかったのである。

細谷和海氏の小細工もそんなものでしかないのだが、外来魚問題に関する質の悪さは次の文章で明らかとなる。同じレッドデータブックで絶滅した日本固有種のスワモロコについて同氏は次のように書いている。

「一九六〇年代に絶滅したと言われる。その原因について、諏訪湖へ移殖されたホンモロコ（*G. caerulescens*）との種間競争に敗れたとか、ホンモロコまたは周辺のタモロコとの交雑により純系が消滅したなどの説がある。」

これは外来魚によって絶滅に追い込まれたとも理解できるが、どこまで本当か分かったものではない。それより次の文章にはあきれてしまう。

「現在の諏訪湖では湖岸の多くはコンクリート護岸され、本亜種の産卵適地は限られる。また、近年、ブラックバスが大繁殖しており、たとえスワモロコ個体群が一九六〇年代以降も存続していたとしても、絶滅は必至であったと予想される」

出会ったこともないブラックバスに絶滅されると決めつけられてしまっている。これは亜種レベル以下の研究者なので、問題とすべきではないかもしれない。実は日本魚類学会の研究者もほとんどどこんなものでしかない。レッドデータブック最新版では、オショロコマやビワマスは準絶滅危惧種扱いで、サツキマスの何でもないというのとは大分ちがう。

ところで、スモールマウスバスで大騒ぎとなった中禅寺湖にいるホンマスとは何か。これは十九世紀に移殖放流されたビワマスとサクラマスの交雑種で、雑種第二代も自然繁殖するという。有難いとされているホンマスが外来種同士のハイブリッドで、なおかつこれが自然繁殖し続けるとすると、種とは何か、亜種とは何かということになる。それよりも生物多様性の観点からはホンマスの存在をこそ問題とすべきである。

そんなことを考えていたら、数年前より北海道で問題とされていたニジマスとブラウントラウトの分布域拡大が、外来種問題で加熱し、北海道庁は、ブラウントラウト、カムルチー、カワマスの移殖放流禁止に続いて、今後ニジマスの移殖放流禁止を視野に入れた動きを見せているという。

本誌の大分昔の号でも取り上げたがニジマスを排除ということになると日本の内水面遊漁は滅茶苦茶なことになる。そんなに大騒ぎすることではない。外来種問題について環境省がパブリックコメントを求めている。ニジマスについてきちんと発言しておく必要がある。

王様の耳はロバの耳

環境省、国会の法制局、マスコミみんなでウソを言い続けウソを本当にしようとしている

「赤信号みんなで渡れば恐くない」という今となってはなつかしい至言と、「ウソも百遍言えば本当になる」というウンチクのある世智との関係を、この頃つくづく考えさせられる。特に後者の大政翼賛や付和雷同、長いものにはまかれろや、王様の耳はロバの耳といった言葉をも連想させる世間の常識的見方、考え方には、筆者がこれまでかかわってきた、原発の危険性、捕鯨の是非、そしてブラックバス害魚論などの問題に共通して見られる、人をいらだたせるものが沢山含まれている。

原発は安全だというウソ、商業捕鯨は問題ないしやってもよいという無理、ブラックバスが生態系に害を及ぼすという事実にもとづかない社会通念、これらには皆、自分にはしっかりした考えがなく、事勿れ主義的に声の大きなものやマスコミ、学会などの意見に多くの人々が同調しウソをウソでなくしてしまうことが、社会一般に共通した考えとして人々の間

に定着し大手を振って歩くということが共通している。事実を声にするのが難しい風潮、これらは六〇年前の戦争中や現代の若ものの間に見られる現象であるのかもしれない。

例えば七、八年前だったら、東京水産大学の新入生になぜ東京水産大学の資源管理学科に入って来たかをきくと、三〇数人のうち四、五人はバスフィッシングが好きだからと答え、中にはバスプロになりたいからと発言する若ものもいた。しかし五、六年前から雲行きは変わってきた。

ニュースステーションが東京水産大学の釣り同好会を取り上げ、キャスティングとバスフィッシングの大学対抗競技会を二〇分ほどの枠で放送した。その中で筆者の研究室の卒論学生もバスフィッシングの部に出場し、最後のインタビューでバスプロになりたいと答えていた。なお、この頃からマスコミもバスバッシングの動きにおびえ始め、ニュースステーションですら、番組の最後に、ここではバスフィッシングが認められており、釣ったバスはうんぬんかんぬんと、しまらない言い訳をせざるを得ない状況にあった。

果たせるかな、この番組に対する反応が週刊誌であった。ノンフィクションライターであり生物多様性研究会の副会長である足立倫行氏がコラムでバスフィッシング批判を行ない、ニュースステーションを批判するのではなく、この学生を真向からたたいた。資源管理学科の資源維持研究室で学ぶ学生がバスプロになりたいとは何事か、とんでもないことだという調子で。

足立氏はゴルフについてどう考えているか知らないが、環境破壊を引き起こすゴルフ場の建設に反対する全国各地の人々（筆者もその一人であるが）は、ゴルフをやる人々やプロゴルファーの存在を否定し、声を大にして批判することはしていないように思う。具体的に行なわれていることは、個々のゴルフ場の建設計画に対して、事実にもとづいて建設を批判し反対することである。

釣り同好会の学生が批判されたことは、学生の間ではかなり話題になったらしい。本人が何か悪いことをしたみたいに恐縮していた。筆者も自分の考え方や研究室の在り方を批判されたようで、その後この問題に腹を決めて取り組むようになったひとつの出来ごとである。

バスフィッシングをやっているとか、好きだということを口外するのをはばかれる風潮は、東京水産大学内だけではなく若ものの間に拡まっていったようである。ここ二、三年は新入生が自分からバスフィッシングをやるということは皆無となった。無理矢理ゲームフィッシングをやる人は手を挙げて、と言うと一人くらいが手を挙げかける状態である。ルアーフィッシングをやめたからフライフィッシングに、とならないところが『フライの雑誌』のつらいところである。

「特定外来生物による生態系等に係る被害の防止に関する法律」が六月に国会で成立し、七月八日より一ヶ月間これに対するパブリックコメントが求められ、十月一五日に特定外来生物被害防止基本方針が閣議決定され、十一月中旬頃より魚類について選定の作業に入るという。来年（二〇〇五年）の五、六月には政令発布により、ブラックバスに特定外来生物の烙印《らくいん》が押されるかどうかが決定する、ということのようである。国をあげての大捕りもの騒ぎだが、そこであらためて問題になるのは法律の名称にある「生態系等に係る被害」がブラックバスによって起こっているのか、そんなものが本当に証明されているのかということである。

この生態系という言葉を使うことのおかしさは、本誌上で十二年ほど前に「本多勝一氏への公開質問状」においてていねいに述べているが、お役所はおくれていて身動きができなくなっている。しかし、そのことについては法律ができてから環境省自身で答を出している。今年の七月二三日に発行された環境省自然環境局野生生物課編集の「ブラックバス・ブルーギルが在来生物群集及び生態系に与える影響と対策」という全二二六ページの報告書の中で「Ⅲ、ブラックバス・ブルーギルが在来生物群集及び生態系に与える影響」の「3、生態系に与える影響」の部分を全文引用する。

『生態系（ecosystem）は生物群集とそれが成立している場所の栄養塩や水、デトリタス（落葉樹枝、動物遺体、排泄物）などの非生物的環境を合わせたものとして定義され、生態系内ではエネルギーの流れや物質の循環が生じている（宮下・野田、二〇〇三）。ブラックバス・ブルーギルが浸入・定着することで、本邦の湖沼生態系がどのような影響を受けているかについての知見はほとんどなかったが、近年、埼玉県のため池で行なわれた実験によって、ブラックバスの補食による影響が直接的にあるいは間接的に他の生物群集へと波及することが検証された（Maezono and Miyashita,2003,in press)。今後はエネルギーの流れや物質環境も視野に入れた包括的な研究の実施が期待されている。」

後段の英文論文は検討できないが、そのことと関係なくこの文章は、同法第二条第2項、「この法律において『生態系等に係る被害』とは、生態系、人の生命若しくは身体又は農林水産業に係る被害をいう。」にブラックバスが全く該当しないことを証明している。

そうであるが故に、パブリックコメントに提出された個別の種の選定にかかわる意見総数八三五一件のうち、85％がブラックバス等の指定に関する反対意見であった。まさに王様の耳はロバの耳であることを地でいっている。こういったことをマスコミは殆ど取り上げず、知らせない。

環境省をはじめ国会の法制局、マスコミみんなでウソを言い続け本当にしようとしている。小さな溜池の生物群集で起こっていることを全国の河川湖沼の生態系にまで拡げるという二重の虚構、これこそウソの全国制覇と言わず何という。このような虚構もみんなでつき合えば恐くないということか。日本の経済や軍隊にも同様の恐さを感じる。

第三章　お粗末な政治と科学と、外来種新法

環境を維持すればバス問題も起こらないし、在来魚も減少しない

この二十数年間、島根県の原発と宍道湖・中海の淡水干拓化に始まり、色々な環境問題・開発の問題に関わってきたが、その中で、環境の変化が水や魚へいかに大きく影響するかを、まざまざと見せつけられてきた。

二十年ほど前、松江の水路にアオコができた時、もともとはそこに生息しない琵琶湖から来たワタカが空気を求めて鼻上げをして、畳のようにベターッと水路を埋めていた光景は印象深い。そして八年前、松江城にある県立図書館で資料調べをしていると、外のお堀で子供の声がする。見てみると、みんな釣りをしている。町に出ると、子供たちが竿を担いで自転車に乗って水路を走り回っている。昔ワタカでいっぱいだった水路でバスを釣っているわけだ。子供たちにとっての釣りを楽しむということの大切さを実感した。

宍道湖の水環境は維持され、淡水化も阻止したので、今はまだいい状態が続いていてシジミがとれる。現在ではさらに、既につくられた堤防を開削する動きが始まっている。流入す

る斐伊川などにはバスがいて、大雨が降ると宍道湖にも入ってくるが、そうでなければ宍道湖には棲息しない。これがもし宍道湖を淡水化し干拓していれば、霞ヶ浦や八郎湖のように結局はバスが増えていく。実はそこのもともとの環境を維持すれば、バスは増えられないということの、一つの証明でもある。

バスはむやみに色々な水域へ入り、在来魚をむさぼり食って増えていくというイメージを持っている人も多いと思う。しかし話題になっている琵琶湖にしても、最初湖に入ってから十年以上、バスが隠忍自重して姿を現さない時期があった。しかし琵琶湖総合開発で環境が大きく変えられ、水位変動が激しくなって岸の植物もなくなり汚染も進むなかで、バスが爆発的に増えた。そしてさらに環境が悪くなるとバスも棲みにくくなり、同時にほかの魚もみんな減っている、というのが現状である。これは霞ヶ浦でも先に起こったことだ。

環境を維持しさえすれば、バス問題も起こらないし、在来魚も減少しないということを、これらの例が明らかにしている。開発や大型の公共事業が、水やそこに棲む魚の生活に大きく影響していることがよく分かる。

長良川の河口堰は結局はできてしまい、国土交通省は居直り的にゲートも開けないでいる。多くの人々が関心を持ったサツキマスを、レッドデータブックから外して隠すことまでした。ところが実際に堰ができても、堰で得られる飲料水・農業用水を、三重県などがもう必要ないと断り出している。税金の無駄遣いも明らかになって、大変な状態になっている。石垣島・白保の空港は、当時環境庁長官だった石原現都知事らが移転予定地に土地を先買いしておいて、それがばれて移転が中止になったのは有名な話だが、きれいなサンゴはそのままに、今に至っている。

全国的に見ると、どうしようもなく開発が進んでいるところと、どうにか止めたところ、そして宍道湖・中海のように進んだけれども、それを止めて元に戻しつつあるところと色々だ。私は大型公共事業を中心とする様々な開発事業の現場に立ち会うなかで、淡水魚、海の魚がどう振り回され釣り人がどう関わるかという観点から、多くの事例を見てきた。

バスもイトウもウも、みんな濡れ衣を着せられている

大きな枠組みの視点で見ると、ここ七、八年話題になっている外来魚問題は、これまで問題になっている要素を全部溶かし込んだような、しかし、非常にお粗末な話である。私は〝お粗末な政治と科学〟と呼んでいるが、そのことについて考えてみたい。

私は十数年前から琵琶湖の漁業との関係で発言しているが、基本的にはブラックバスは濡れ衣を着せられている。いわゆるえん罪である。

バスがほかの魚を食う、食い尽くすので、人が大切だと思うもの、利用したいものを減らしてしまう主な原因だという言い方をされている。けれどもよく考えれば、魚が食うということと、あとのこととはそう簡単には結びつかない。

淡水での他の例を見てみる。たとえば北海道のイトウ。つい数年前まではシロザケの孵化・放流事業大事の考え方から害魚扱いされていた。しかしその後の社会的な考え方、風潮の変化で、今は絶滅危惧種となり、保護の対象になっている。イトウが魚を食うことは何も変わっていないのに、いつの間にか人々の勝手で害魚から貴重種に変わっている。そういうなかで釣り人は混乱する。

また鳥のウ。数年前にオイカワやウグイが減った際、ウの責任にされた。ウが魚を食う場面はウ飼いその他で有名だから、みんな知っている。だからオイカワやウグイが減ったのは、ウが魚を食うからだろうということで、罪を着せようとしたわけだ。

その後、私はこの問題を追いかけた。東京都の水産試験場が六郷橋で毎年アユの遡上量を調べている。すると、ウが問題になった二年ほどの期間、遡ってくるアユの稚魚の数は変わらない。しかし、田植えのころ、四月から六月にかけて産卵をするコイ科魚類のオイカワとかウグイとかの稚魚は、みんな大きく減った。他の調査結果もあるが、つまり田植えの時期に農薬を大量に使う。それが流れ出ることによって、川の水辺、岸にいるオイカワやウグイの卵や稚魚が死んだ。再生産にもつながらないので減り続けているということのようだ。ウ飼いのようにウが食うのであれば、アユが減ってもおかしくない。しかし、アユは減っていない。アユは海から遡ってくるものだから、人の手による放流の成否とは関係ないわけだ。結局はバスもイトウもウも、みんな濡れ衣を着せられている。イトウとウについてはここに書いた通りだが、バスについては、なかなか、えん罪説、濡れ衣説に納得する人は少ない。

ブラックバスという外来魚に、全部責任をおっつけてしまおう

なぜブラックバスがえん罪、濡れ衣を着せられるのか。それはここ数年色々な分野で、スケープゴートを求める風潮が起こってきていることに起因する。様々に絡まり合った思惑と事情によって、バスはスケープゴートに仕立て上げられている。

一番目には、まず関係する業界の事情。ここでは内水面漁業協同組合の人々を指す。アユの冷水病その他釣りの不振もあり、ここ十数年、内水面漁業の経営は非常に苦しい。

二番目には、ここ十数年、環境、生態系、生物多様性、絶滅危惧種、在来種の減少などが一つのキーワードとして重視される風潮があること。一九九二年のリオの環境サミットから遅れること数年、日本国内に伝播してきた。

三番目には、環境問題における善悪の構図に乗せられたこと。たとえば長良川の河口堰問題におけるサツキマス。サツキマスを見たことがない、釣ったこともない都市の人も、サツキマスを守れという声には何の疑問も持たず賛成する。それがいやだからこそ国土交通省はサツキマスをレッドデータブックから外させた。石垣島・白保の空港埋め立て問題ではアオサンゴを守れという声が国際的に大きくなった。宍道湖ではシジミを守れ。川辺川のダム問題では尺アユを守ろう。そして諫早干拓ではムツゴロウを守ろう。多くの水の中の生物が、開発の被害に遭うシンボル＝善玉になった。

この場合の悪玉は何かというと、全部、開発だ。河口堰建設、空港建設、干拓、淡水化、ダム建設…。開発そのものの是非についてはあまり触れず、善玉を守ろうという言い方をする。そうすると、いわゆる在来種、絶滅危惧種を守ろうという意思が善玉として扱われる風潮のなかで、その悪玉にバスが挙げられたわけである。「サツキマス対河口堰」、「尺アユ対ダム建設」ではなくて、「在来種や絶滅危惧種の危機対ブラックバス」という構図が作られてしまった。

これは世の中、なんでも善悪で決めようという風潮と関係がある。実際には、環境省のレッドデータブックでは、在来種や絶滅危惧種の存続を脅かす原因の九五％は開発その他、埋め立て、汚染だと明らかにしている。原因の九五％である開発よりも、残り五％のブラックバスなど外来魚が悪いんだという、非常におかしなことが起こっている。

四番目には、環境破壊の責任逃れや焦点ぼかしに、ブラックバスが使われていること。サツキマスでもアオサンゴでもシジミでも尺アユでもムツゴロウでも、それを減らす原因は開発だということは、みんな分っている。けれども絶滅危惧種や在来種の減少、生物多様性の変化という現象はなかなか分かりにくい。それを引き起こした開発といっても特定できない。そうなると、その代わりにブラックバスという外来魚に、全部責任をおっつけてしまおうということになる。これを濡れ衣、えん罪と言わずして何と言うのか。

ブラックバスが火あぶりにされやすい五つの理由

ブラックバスがおかれている現在の社会的情況は、いじめというよりは完全に火あぶりだ。では、ブラックバスが火あぶりにされやすい、ブラックバスを火あぶりにしやすいキャラクター要素は何かを考えてみたい。それなりにある。

一番目には、まず大型で魚食性であること。これだけで悪いというイメージを持たれる。二番目には、たしかに憎々しい風貌で名前もなにか怖い。大柄で無精ひげが生えていて変な名前の男の人が、それだけで犯罪人扱いされるのと同じことだ。実はそれだけのことだ。三番目には、ブラックバスが人為的な放流によって全国に分布を拡大したこと。

この三つの項目だけでも、ブラックバス以外で問題になる魚が実はいる。たとえば大型で魚食性で風貌が怖い、イトウがそうだ。それから琵琶湖のオオナマズ。全国に分布を広げた点では、私が大学院生のときに研究したオイカワがそうだ。その当時、全国的に公害問題もあったため、場所によってはオイカワは「公害魚」と言われた。ただし、これらイトウ、オオナマズ、オイカワは在来魚、日本に昔からいた魚である。

それに対して、ブラックバスが火あぶりにされやすい要素の四番目、外来魚であること。本当は外来魚であることはなんの理由にもならないのだが、今挙げた三つの特徴と合わさって外来魚というだけで、火あぶりにされて当然という風潮ができてきた。

さらにもう一つ、バスフィッシングの愛好者、特に若い人が急増したために、日本のこれまでの伝統的な釣りと軋轢を起こすことが多くなってきたということもあると思う。バスを駆除しろではなくて、バスフィッシングを禁止せよと主張する人は、バス以外の釣り人も含めて多い。そして、釣り人やその釣りのマナーが悪いから釣っている魚が悪い、というような妙なことも起こっている。ブラックバスという魚は、たしかに火あぶりにされやすいキャラクターであるといえる。

ブラックバスを火あぶりにしたい人々、それぞれの事情

では、そういう魚を人々はなぜみんなで寄ってたかって火あぶりにするのか、人々はなぜ火あぶりに加担するのかを考えてみたい。

歴史的に見ると、一番最初からブラックバスを害魚として大きく問題にしていたのは、全国の内水面漁業共同組合の人々だ。この人たちは経営的にも苦しい。アユは冷水病でうまく放流できない。人工孵化すると金がかかる。遊魚料収入も確保できない。補償金目当てで環境破壊には目をつぶるものだから、河川環境はどんどん悪くなるばかりだ。どこかにスケープゴートを作り、責任を転嫁しないと自分たちの身が持たないというのが実情だろう。だから彼らは「外来魚による内水面漁業の衰退」というまったく実態にそぐわないことを、声高々と言い続けている。

二番目には、環境や生物多様性を旗印にした社会的な流れのなかで、それぞれの業界・仕事関係での利益を求めている人々がいること。まさに個人的な事情でバスを火あぶりにしている。秋月岩魚さんをはじめ中井克樹さん、多田実さんなどはそういうことではないかと私は考えている。

三番目には、そういう状況下でマスコミがどう動くか。これは大きい。特に態度が明瞭な

のが朝日新聞だ。朝日新聞は基本的には勝ち馬に乗る体質を持っている。今から二三年前、放射線廃棄物の海洋投棄という問題が始まった。当時私は南太平洋の島から来た人たちと全国ツアーを組んでキャンペーンをした。そのとき実はまだ声としては国内的には大きくなかったのに、これは勝てると読んだのか、朝日新聞は持っているメディア三つ全部で私に書かせた。他紙は方向性を持っていないが、朝日の記事には明確な意図がある。だからブラックバス問題においては、朝日は都合の悪い私のところにはまったく取材に来ない。勝ち馬ではないと思っているのかもしれない。

四番目には、魚類学者、魚類学会の人々の事情。彼らはこれまで自分の好きなことをしこしこやっていて、あまり環境問題に関わっていない。しかし今この外来魚問題に関われば正義の味方になれると思ったのか、先頭を切ってブラックバスを火あぶりにしている。第二章で触れたように、レッドデータブックからサツキマスを外したり、開発側の環境アセスなどに陰ながら協力しているのは、実は魚類学者たちだ。そういう後ろめたさもあるせいか、ブラックバス問題においては、私たちのやっていることは正しい、科学的だと主張し続けるのみである。

ブラックバス問題は一応、環境問題ということになっている。が、私は単に淡水魚の一種をどう扱うかという水産や釣りの世界の問題だと思う。

日本の環境省はこれまで、取り組むべき環境問題にほとんど関わっていないし、関われない。長良川河口堰でも、シジミが死ぬかもしれないと言った北川石松環境庁長官は次の選挙で落とされてしまった。環境省はそんなことすら言えない。まして原発や放射能の問題についてはまったく発言権はない。宍道湖・中海でも、環境省はほとんど何もできなかった。本来やるべき環境問題に関われないのが、日本の環境省だ。

ところが、一九九二年のリオの環境サミットで、それまで日本では何が何だかわからず、大して関心を持たれていなかった"生物多様性"が、国際的な大きな錦の御旗になった。環境省はこれで自分たちのやることができると探したら、ブラックバス問題を見つけた。そこで「特定外来生物による生態系等に係る被害の防止に関する法律」※（以下、外来種新法）を作り、ブラックバスに特定外来生物の烙印を押せば、点数を稼げるという目論みだったようだ。しかし、その思惑は簡単にはうまくいかず、足踏み状態にある。

※**外来種新法［概要］**

生態系、人の生命、農林水産業に被害を及ぼす特定外来生物を政令で指定し、輸入、飼養、譲渡、遺棄などを原則禁止する。罰則は個人が三年以下の懲役か三百万円以下の罰金、法人は最高一億円の罰金。防除費用は持ち込んだ原因者に負担させる。防除のため国が民間の土地や水面へ立ち入り、伐採などができる。（二〇〇四年六月公布）

めちゃくちゃな議論を展開する研究者

外来種新法を施行するために、環境省は検討委員会をつくり種の選択を始めている。その過程で、ブラックバスとセイヨウオオマルハナバチとクワガタムシ、これら三種についでは研究者や業界、多くの関係者から異論が出て簡単には指定できないということで、専門委員による小グループを作った。ブラックバスについては「オオクチバス小グループ」として、私をはじめ九人の委員が二〇〇四年の十一月二五日から一月十九日まで、これまで四回の検討を行い、一つの方向を出そうとしている。

この委員会は色々と裏で根回しがあったり、下相談があったりして、かなりセレモニー的なところもある。しかし、好きなことを言えること、一般の傍聴があること、時間遅れではあるが会議の内容が環境省のホームページでインターネット配信されるために、かなり開かれた勝手なことができない委員会であることは確かだ。

一回目と二回目の委員会で私は、この法律は「特定外来生物」が生態系に被害を及ぼすということがうたい文句なので、生態系という言葉の意味を再確認することと、本当にそういった被害を及ぼすのかの議論を提示した。

二〇〇三年から二〇〇四年にかけて、環境省は「ブラックバス、ブルーギルが在来生物群集および生態系に与える影響と対策の検討委員会」という組織を作った。この委員会にも私は七人の委員の一人として参加している。二〇〇四年七月に出た報告書の全二二六ページ中で、生態系について触れている箇所はほんの十行だ。

五六ページに「生態系に与える影響」という項目がある。そこではっきりと、「ブラックバス、ブルーギルが侵入、定着することで本邦の湖沼生態系がどのような影響を受けているのかについての知見はほとんどなかった」と書いてある。関係の研究者が集まり、環境省が監修した報告書で「研究結果はない」と言っているわけだ。

そうであるにもかかわらず、三回目の小グループ委員会において、委員の一人である瀬能宏委員は、ブラックバスは生態系に甚大な被害を与える、と魚類学の立場から主張した。研究者としてめちゃくちゃな議論を展開している。このような状況を引き起こしたおもとは、法制局をはじめ、法を作る側に問題がある。まさにそこが、ブラックバスへの濡れ衣の出発点なのだ。

九五%の人がバスの特定外来生物指定に反対している

ブラックバスが特定外来生物に指定されたら、どういう問題が起こるか。

レッドデータブックでは、九六種類の絶滅危惧種等の存続を脅かす要因として、九五％が環境開発や汚染や埋め立てであり、外来魚の侵入による影響は五％だと書いてある。二〇〇四年の七月に行ったパブリックコメントのなかで、ブラックバスを特定外来生物へ指定することについて九五％の人が反対し、五％の人が賛成したというのとまったく逆の数字で興味深い。五％の理由で九五％の理由を無視して、ブラックバスを特定外来生物に指定しようとするから、九五％の人が反対する。じゃあ、九五％の人はなんと思っているかというと、レッドデータブックと同じように、日本在来の絶滅危惧種等が減った理由は、開発、埋め立て、汚染だろうと考えている。

たった五％の理由でブラックバスを特定外来生物に指定してしまうと、それを強く主張する人たち、とくに魚類学会の人々は、これで日本の在来の絶滅危惧種等は救われた、安心だということで、これまで以上に環境問題から手を抜く可能性がある。環境省にも、日本の淡水魚を守るため自分たちは一生懸命やったというお題目ができる。これが一番の悪い影響だ。

魔魚の烙印は押され、火あぶりの儀式が始まる

外来種新法が施行されたとして、具体的に効果はあるのか。

駆除派と言われる魚類学会の人々は、「密放流」によってバス問題が起こったのだから、新法で強い規制を課せば抑止力になる。特定外来生物にブラックバスを指定すれば「密放流」が起こらないようになるんだと言っている。しかしこれにはなにも保証がない。

すでにいくつかの県で内水面漁場管理委員会による、ブラックバスのリリース禁止（釣った後、再放流してはいけない。すなわち釣ったら殺せということ）、県外持ち出し禁止等の指示がある。屋上屋を重ねて罰を重くしたら、それがなくなるのか。また現実問題としていま全国的に広く「密放流」がなされているのか。これらが明らかではない状況で、とにかく法律を作ればすべて済む、というのはとんでもないことだ。

環境省の担当者は、外来種新法は釣りを禁止するものでも、キャッチ・アンド・リリースを禁止するものではないと、それを強く売りにしている。釣り人に配慮していますと言いたいがためだろう。それでは実際にこの法律が施行されて、ブラックバスが特定外来生物に指定されて以降の、釣り場のことを考えてみる。

バスフィッシングが好きな子どもが釣りをしたとする。環境省も釣りをしてはいけないとは言っていない。子どもはバスを釣り上げる。そうすると、リリースしたい。環境省はリリースしてもいいと言っているが、県の委員会指示でリリースは禁止になっている。どうすればいいか。子供によっては、じゃあ家で飼おうと思うかもしれない。しかし、今度は外来種新法で、特定外来生物を家に持ち帰って飼うためには、国の許可がいるとされている。子どもはそんなことをするわけがない。ということは、環境省は新しい法律を作って、釣ったバスは殺せと言っているわけだ。そんなめちゃくちゃなことはない。

効果がなにも具体的に見えてきていないままに、外来種新法が施行されようとしている。環境省はいきなり全国で展開するのではなく、一つひとつ検討してやっていくと言っている。しかし全国一律ではないと言いながら、特定外来生物に指定をするということは、まさにブラックバスを魔魚として烙印を押し火あぶりにする、セレモニーそのものである。

いま委員会では、もっと慎重にこの法の適用およびブラックバスの指定について、時間をかけて考えようという方向性になっている。外来種新法の施行前に、環境省がもっとも恐れているパブリックコメント制度が実施される。これで多くの人々が関心を寄せることが大事だ。

初出一覧

第一章　ビッグマネー＝ビッグフィッシュ？……第10号／1989年8月
〈毛鉤発言〉に思う……第12号／1990年3月
無謀でばからしい長良川河口堰……第13号／1989年6月
〃一番おいしいサクラマス〃を巡って……第8号／1989年2月
原発で事故でもあったのかな……第9号／1989年5月
イトウ釣りに未来はあるか……第11号／1989年12月
オイカワも棲めない、というヤバさ……第14号／1990年10月
釣りと仕事の関係について考える……第40号／1997年12月
漁業者の川から釣り人の川へ —秋川（東京）と高津川（島根）とに見る魚類管理から……『フィッシング』廣済堂／1972年1月
やせがまんが日本の釣り場を救う……第1号／1987年5月
日本の内水面の釣りはパチンコ化している—ワカサギから湖の釣りを考える……第6号／1988年8月
第二章　ニジマスは好きか嫌いか……第18号／1991年12月
本多勝一氏への質問状—外来魚は日本の川や湖を侵略するか……第19号／1992年3月
父親はラージマウス、息子はスモールマウス？……第35号／1996年9月
メダカ、トキ、ブラックバス、そして純血主義……第46号／1999年6月
一億ブラックバス・ヒステリー……第53号／2001年4月
「生物多様性主義」という空虚……第54号／2001年7月
ブラックバス→琵琶湖→義憤むらむら……第55号／2001年11月
捕鯨、外来魚、原発の屁理屈を斬る……第58号／2002年8月
ブラックバス駆除騒ぎに感じる気味悪さ……第61号／2003年5月
リリースを法的規制するのは、とんでもなくおかしく、間抜けだ……第62号／2003年8月
バス問題とサツキマスにおける作為と作意……第63号／2003年11月
王様の耳はロバの耳……第67号／2004年11月
第三章　お粗末な政治と科学と、外来種新法……単行本書き下ろし／2005年1月

※特記以外、季刊『フライの雑誌』連載「釣り場時評」初出・改題

魔魚狩り　ブラックバスはなぜ殺されるのか
2005年３月１日発行　2005年３月10日　第３刷
著　者　水口憲哉
編集人　堀内正徳
発行人　中沢和子
印刷所　(株) 東京印書館
発行所　(有) フライの雑誌社
〒182-0002　東京都調布市仙川町1-7-1-204　Tel.03（3307）5608
http://www.furainozasshi.com/
Published／Distributed　by FURAI NO ZASSHI 1-7-1-204 Sengawa-cho,Chofu-shi,Tokyo,Japan.
Special thanks to K.Maruyama,Y.Saitou,T.Fukuhara